Cours particuliers

BTS CI

Gestion des opérations d'import-export

François Duphil
Muriel Paveau

FOUCHER

ISBN 978-2-216-11224-1

AVANT-PROPOS

Ce **Cours particulier** couvre l'ensemble du programme de *Gestion des opérations d'import-export* du BTS Commerce international.

Vous y trouverez :

• **30 cours** pour réviser les thèmes étudiés en **première** et **deuxième année de BTS CI**. Ces synthèses claires et structurées vous apportent les connaissances indispensables à votre réussite. Elles sont rythmées et illustrées d'**exemples et de tableaux**.

• de **nombreux exercices corrigés**, de **difficulté progressive**, pour appliquer les connaissances acquises en trois étapes :

● Vérifiez vos connaissances ;

●● Mettez en application ;

●●● Passez le BTS.

• **16 fiches Mémo détachables comprenant des mini synthèses pour chacun des 7 grands thèmes du programme**. Enfin, vous y trouverez tous les détails des nouvelles épreuves E61 et E62 du BTS Commerce international.

Bon travail et bonnes révisions.

Sommaire

1

Les incoterms

Afin d'éviter certains litiges lors d'une opération internationale d'achat ou de vente, la Chambre de Commerce Internationale (ICC) a élaboré les incoterms (INternational COmmercial TERMS) qui définissent clairement les obligations des parties. Il est essentiel d'identifier leur rôle et de les différencier en fonction des contraintes qu'ils imposent à l'acheteur et au vendeur.

1 Le rôle des incoterms

Les incoterms précisent 3 points essentiels :

→ transfert des risques ;
→ partage des frais ;
→ obligations documentaires.

Le transfert des risques désigne le moment et le lieu à partir duquel :

- l'acheteur assume les risques encourus par la marchandise.
- le vendeur a accompli son obligation de livraison.

Faute de pouvoir imposer une règle universelle en matière de **transfert de propriété**, l'ICC donne ainsi une réponse à la question : « qui est responsable en cas de dommage ? ».

Exemple

La destruction des marchandises lors de leur acheminement est gérée par l'acheteur si l'incoterm considère qu'il supporte les risques pendant leur transport. Elle ne concerne pas le vendeur qui est libéré de son obligation de livraison et doit être payé.

Le partage entre vendeur et acheteur indique qui supporte les frais de logistique internationale, c'est-à-dire essentiellement les frais de vérification de la marchandise, d'emballage, d'entreposage, de manutention, de transport, d'assurance, de dédouanement export et import, les droits de douane et autres impositions.

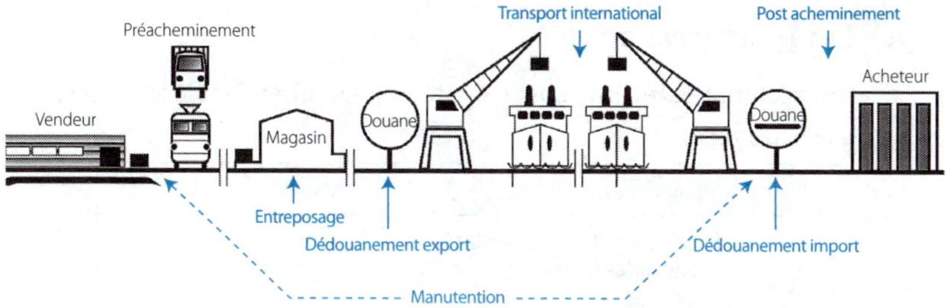

Les obligations documentaires concernent les documents à fournir par l'une ou l'autre des parties au contrat de vente, sous forme papier, numérisée ou par EDI (Échange de données informatisé).

CONSEIL
L'importance de l'obligation documentaire ne saurait être minimisée en raison de ses conséquences. Ainsi, faute de la communication par l'importateur du certificat vétérinaire requis, des saumons importés sont bloqués à la frontière et l'exportateur est contraint de prendre en charge l'analyse bactériologique imposée, ce qui signifie des coûts et des délais supplémentaires.

2 Les différentes catégories d'incoterms

Depuis leur création en 1936, l'ICC a procédé à plusieurs modifications des incoterms pour tenir compte des évolutions techniques dans le domaine du transport international et de la transmission des informations. La révision 2000 a retenu 13 incoterms auxquels elle associe une dizaine d'obligations types pour les parties contractantes. Ces dernières gardent la possibilité de :

- les modifier si elles jugent utile de clarifier leurs responsabilités respectives pour écarter toute ambiguïté ;
- se référer à une version antérieure des incoterms à condition de le stipuler en indiquant le millésime.

Tout incoterm s'exprime donc ainsi :

FCA → Sigle de l'incoterm

New York → Lieu convenu

Selon ICC 1980 → Référence à l'ICC et à la version utilisée (inutile s'il s'agit de la dernière)

(A) *Les incoterms 2000*

Les incoterms se répartissent en 4 catégories reprises dans le tableau suivant :

Incoterms 2000

Famille	Modalités	Incoterm	Sigle
E	Le vendeur met les marchandises à la disposition de l'acheteur dans ses propres locaux.	Ex Works	EXW
F	Le vendeur remet les marchandises à un transporteur désigné par l'acheteur. L'acheteur assume les frais et risques du transport principal.	Free Carrier Free Along Side Ship Free On Board	FCA FAS FOB
C	Le vendeur organise le transport principal. Il en assume les frais mais ne supporte pas les risques encourus.	Cost and Freight Cost Insurance and Freight Carriage Paid To Carriage, Insurance, Paid To	CFR CIF CPT CIP
D	Le vendeur supporte tous les frais et risques qu'entraîne l'acheminement des marchandises jusqu'au lieu de destination convenu.	Delivered At Frontier Delivered Ex Ship Delivered Ex Quay Delivered Duty Unpaid Delivered Duty Paid	DAF DES DEQ DDU DDP

(B) *Classification des incoterms*

La prise en compte des lieux de livraison et de la nature de transport facilite l'adéquation de l'incoterm à l'opération envisagée.

• *Lieu de livraison*

Selon ce critère, les incoterms se dissocient en 2 groupes :

Incoterms de vente départ
↓
Familles E, F, C
↓
Le vendeur s'acquitte de son obligation de livraison dans son propre pays.

Incoterms de vente arrivée
↓
Famille D sauf DAF qui n'appartient à aucune catégorie.
↓
Le vendeur s'acquitte de son obligation de livraison dans le pays d'arrivée.

• *Mode de transport*

• FAS, FOB, CFR, CIF, DES et DEQ sont des incoterms spécifiquement conçus pour le transport maritime associé à une manutention traditionnelle.

- ExW, FCA, CPT, CIP, DDU et DDP sont utilisables quel que soit le mode d'acheminement y compris les transports multimodal et maritime.
- DAF implique un transport terrestre, routier ou ferroviaire.

3 Les obligations principales des parties selon les incoterms

Tous les incoterms obligent le vendeur à s'occuper de l'emballage (sauf usage professionnel contraire) et à communiquer une facture commerciale et tout document attestant la livraison effective des marchandises. À ce socle minimal, ils ajoutent d'autres obligations pour lesquelles le lieu de réalisation convenu est déterminant.

A Famille E

Cette famille ne comporte que le seul incoterm Ex Works.

EX WORKS (… named place) À l'usine (… lieu convenu)	EXW

Cet incoterm impose des obligations minimales au vendeur puisqu'il doit simplement tenir à disposition de l'acheteur, dans ses propres locaux, les marchandises emballées (sauf s'il est d'usage dans la profession de les fournir sans emballage). L'acheteur se charge de toutes les opérations pour acheminer les marchandises à destination.

B Famille F

Elle correspond à des ventes départ pour lesquelles le vendeur ne supporte ni les frais ni les risques du transport principal.

FREE CARRIER (… named place) Franco transporteur (… lieu convenu)	FCA

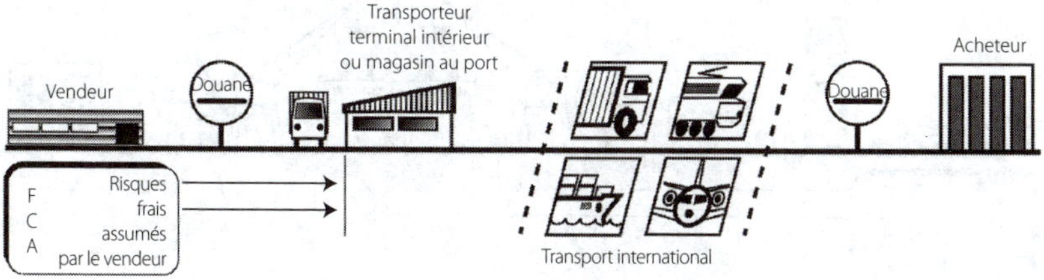

FCA : obligations principales

Vendeur	Acheteur
• Livrer les marchandises emballées (sauf usage contraire de la profession) au transporteur désigné par l'acheteur • Prendre en charge le dédouanement export	• Choisir le transporteur, conclure le contrat de transport et en informer le vendeur • Organiser à ses propres frais et risques toutes les opérations pour amener les marchandises à destination dès lors qu'elles ont été remises au premier transporteur désigné

CONSEIL
Si l'exportateur souhaite limiter son intervention dans l'organisation de ses opérations internationales, il vaut mieux qu'il préfère FCA (entrepôt de …) à Ex Works (usine de …) car :
- il dispense son client du dédouanement export ce qui est interprété comme un geste commercial ;
- il est certain que la marchandise est exportée.

FREE ALONG SIDE SHIP (… named port of shipment) FAS
Franco le long du navire (… port d'embarquement convenu)

FAS : obligations principales

Vendeur	Acheteur
• Prendre en charge le dédouanement export • Livrer les marchandises le long du quai au port d'embarquement	• Organiser à ses propres risques et frais toutes les opérations pour amener les marchandises à destination à partir du moment où elles ont été remises le long du quai

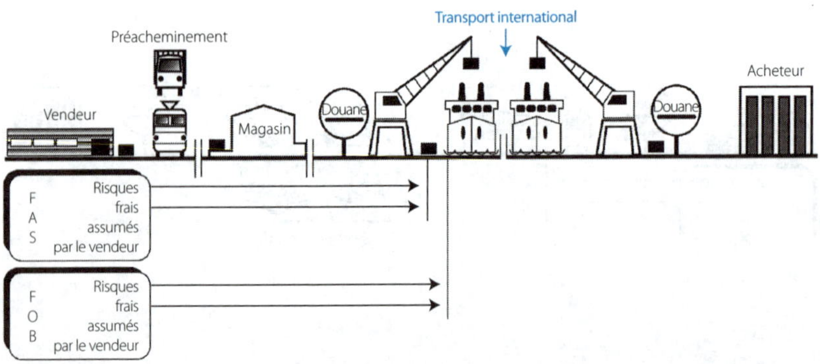

FREE ON BOARD (… named port of shipment) Franco à bord (… port d'embarquement convenu)	FOB

FOB : obligations principales

Vendeur	Acheteur
• Prendre en charge le dédouanement export • Livrer les marchandises à bord du navire désigné selon les usages du port • Payer les frais de chargement pour autant qu'ils ne sont pas inclus dans le fret	• Choisir le transporteur et en informer le vendeur • Conclure le contrat de transport et payer le fret principal • Supporter tous les risques et charges (manutention à l'arrivée, dédouanement import, post acheminement) à partir du moment où les marchandises ont passé le bastingage du navire dans le port d'embarquement

Exemple

Les usages d'un port peuvent stipuler que le vendeur livre les marchandises dans le périmètre du navire et non lors du passage du bastingage.

(C) Famille C

Le vendeur acquitte les frais relatifs au transport principal (fret et éventuellement assurance). Comme il s'agit d'une vente départ, le point de partage des frais ne coïncide pas avec celui du transfert des risques :

- transfert des risques au port d'embarquement, au terminal du transporteur principal,
- partage des frais au lieu de destination convenu.

Les quatre incoterms de ce groupe se déclinent selon la même logique : CFR et CIF d'une part, CPT et CIP d'autre part, ne se différencient que par l'ajout de l'assurance aux obligations du vendeur.

COST AND FREIGHT (… named port of destination) Coût et fret (… port de destination convenu)	CFR

COST, INSURANCE, FREIGHT (… named port of destination) Coût, assurance, fret (… port de destination convenu)	CIF

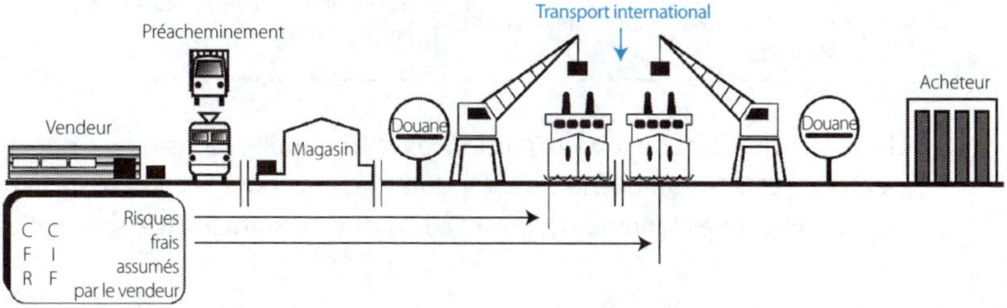

CFR : obligations principales

Vendeur	Acheteur
• Livrer les marchandises à bord du navire • Conclure le contrat de transport et payer le fret jusqu'au port de destination convenu • Payer les frais de déchargement pour autant qu'ils sont inclus dans le fret • Prévenir l'acheteur de la remise des marchandises au transporteur	• Réceptionner les marchandises au port de destination convenu et payer toutes les charges à l'arrivée jusqu'à leur destination finale • Supporter le risque de transport à partir du moment où les marchandises ont passé le bastingage du navire au départ

CARRIAGE PAID TO (… named place of destination) CPT
Port payé jusqu'à (… lieu de destination convenu)

CARRIAGE, INSURANCE PAID TO (… named place of destination) CIP
Port payé, assurance comprise jusqu'à (… point de destination convenu)

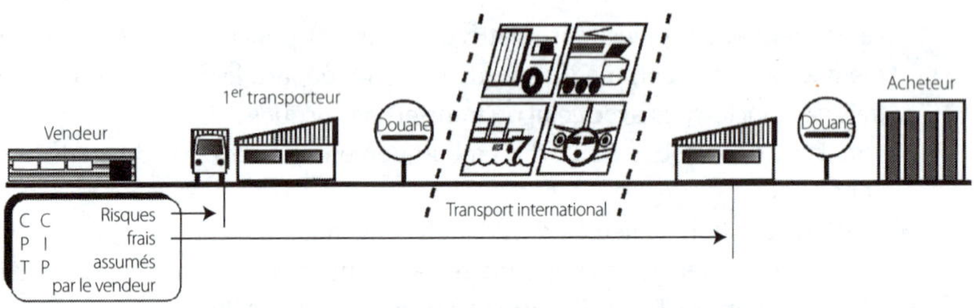

CPT : obligations principales

Vendeur	Acheteur
• Livrer les marchandises au premier transporteur • Prendre en charge le dédouanement export • Conclure le ou les contrats de transport pour acheminer les marchandises jusqu'au point convenu et payer le fret • Prévenir l'acheteur de la remise des marchandises au transporteur	• Supporter le risque transport à partir du moment où les marchandises ont été remises au premier transporteur • Réceptionner les marchandises au point convenu et supporter toutes les charges pour les amener à leur destination finale (dédouanement import, post acheminement, …)

CIF et CIP imposent, aux deux parties, les mêmes obligations que, respectivement, CFR et CPT sauf que le vendeur doit souscrire, pour le compte et au nom de l'acheteur, une assurance qui couvre le risque encouru jusqu'à destination.

D Famille D

Avec les incoterms de ce groupe à l'exception de DAF, le vendeur supporte tous les frais et risques jusqu'au pays d'importation.

DELIVERED AT FRONTIER (… named place) Rendu frontière (… lieu convenu)	DAF

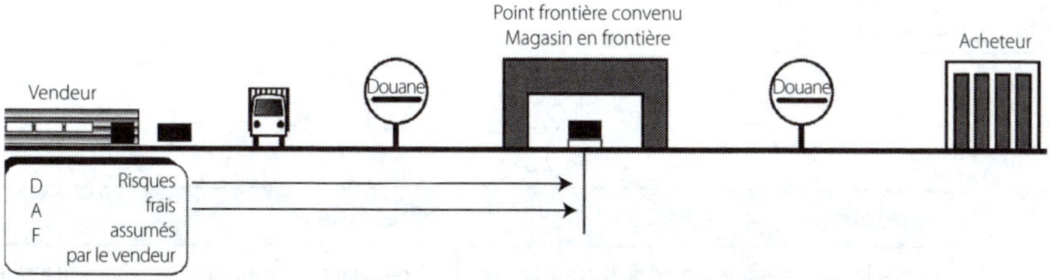

DAF : Obligations principales des parties

Vendeur	Acheteur
• Livrer les marchandises dédouanées au point frontière convenu	• Prendre livraison des marchandises au point frontière convenu et supporter toutes les charges pour les amener à destination (dédouanement import, post acheminement)

CONSEIL

DAF exige d'indiquer un lieu précis sur une frontière déterminée. Il vaut mieux l'éviter dans les échanges intracommunautaires dans la mesure où il introduit un transfert en cours d'acheminement en un lieu où la suppression des frontières n'impose plus d'arrêt.

DELIVERED EX SHIP (… named port of destination) Rendu ex ship (… port de destination convenu)	DES

DELIVERED EX QUAY (… named port of destination) Rendu à quai (… port de destination convenu)	DEQ

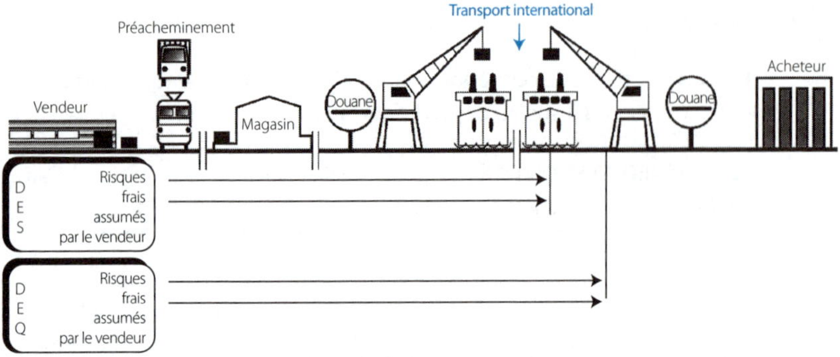

DES : obligations principales des parties

Vendeur	Acheteur
• Livrer les marchandises à bord du bateau dans le port de destination convenu	• Réceptionner les marchandises à bord du navire au port de destination • Payer les frais de déchargement ainsi que le dédouanement import et le post acheminement

DEQ présente une situation identique DES mais prolonge, jusqu'au quai dans le port de destination, les obligations du vendeur qui paie donc en plus les frais déchargement.

DELIVERED DUTY PAID (… named place of destination) DDP
Rendu droits acquittés (… lieu de destination convenu)

DELIVERED DUTY UNPAID (… named place of destination) DDU
Rendu droits non acquittés (… lieu de destination convenu)

À l'inverse d'EXW, DDP engendre des obligations maximales pour le vendeur puisqu'il doit livrer les marchandises dédouanées à l'acheteur au point de destination convenu.
DDU engendre des obligations identiques à celles de DDP mais le vendeur n'assume pas les opérations de dédouanement à l'importation.

4 Le choix des incoterms

Des incoterms des familles E et F créent une situation proche d'une vente nationale avec des obligations minimales pour l'exportateur à ceux de la famille D qui le conduisent à prendre en charge et à endosser la responsabilité des opérations de logistique. Comment choisir l'incoterm le mieux adapté à la situation ? Quatre éléments entrent en ligne de compte.

(A) *L'évolution des pratiques*

En raison de l'évolution de la manutention et aussi des pratiques portuaires, la référence au passage du bastingage renvoie de moins en moins à une réalité matérielle dans le transport maritime. Les incoterms FOB, CFR et CIF deviennent, dès lors, inappropriés dans bien des cas pour lesquels il est préférable d'utiliser FCA, CPT et CIP.
Un constat similaire conduit à marginaliser DES et DEQ au profit de DDU et DDP qui définissent les obligations des parties d'une façon plus conforme aux pratiques.

(B) *Les caractéristiques du marché*

Un marché concurrentiel conduit l'exportateur à formuler une offre comparable à celle des producteurs locaux et donc à retenir un incoterm de type C ou D. Ce choix lui confère un atout commercial en évitant à l'acheteur de se soucier d'une part importante, voire de la totalité, de la logistique internationale.

(C) *La possibilité de maîtriser l'assurance et le transport*

Elle apporte un avantage concurrentiel à deux niveaux.

Avantage concurrentiel	Compétitivité - prix →	Avec la multiplication des opérations, l'exportateur négocie des tarifs avantageux auprès des compagnies de transport et d'assurance en jouant sur de plus gros volumes et réduit d'autant les coûts de logistique.
	Notoriété →	Il sollicite les intermédiaires qui proposent les meilleures prestations pour ses produits. Il accroît ainsi la sécurité de leur transport et bénéficie d'une bonne image auprès de ses clients par le strict respect des délais et l'arrivée en parfait état des expéditions.

Exemple
Une entreprise qui commercialise des matières dangereuses, doit nécessairement gérer l'ensemble des opérations de logistique.

(D) *Les autres contraintes*

• *Les exigences des autorités locales*

Elles imposent parfois le recours à des compagnies nationales afin de soutenir leur activité de sorte que le client achète nécessairement selon un incoterm des groupes E ou F.

• *Le rapport de force avec l'acheteur*

Si ce rapport lui est favorable, l'acheteur définit l'incoterm du contrat et dans le cas contraire, le subit.

• *Les autres composantes de l'opération*

Avec un règlement par crédit documentaire, il vaut mieux renoncer aux incoterms D qui rendent délicat le respect des délais de remise des documents et affectent donc la sécurité de paiement.
Il en est de même si les conditions d'acheminement et installations à destination se révèlent précaires.

MÉMO

Les incoterms ont été créés pour faciliter et développer les échanges internationaux en définissant le partage des frais et le transfert des risques entre l'acheteur et le vendeur. Ils désignent ainsi clairement les obligations des parties et contribuent à limiter les litiges.
Les incoterms des familles E, F et C correspondent à des ventes au départ ce qui signifie que le vendeur livre dans son propre pays. Attention à CFR, CIF, CPT et CIP pour lesquels le vendeur gère l'acheminement international sans en assumer les risques et donc sans modifier le fait de livrer les marchandises dans son propre pays. Les incoterms de la famille D, sauf DAF, couvrent des ventes à l'arrivée et prolongent la responsabilité du vendeur jusqu'au pays de son client.
De EXW à DDP, les incoterms accroissent les interventions du vendeur d'une situation comparable à une vente nationale pour le premier jusqu'à la gestion totale des opérations pour le second. À cet égard, ils constituent également un atout commercial puisqu'ils permettent au vendeur de prendre en charge tout ou partie de la logistique pour son client étranger et ainsi de lui simplifier la tâche.

1.1 Vérifiez vos connaissances

Travail à faire

1. Cochez la (les) bonne(s) réponses.

CONSEIL
Il convient d'abord d'identifier les vendeur et acheteur pour en déduire leurs obligations.

1 Une société de négoce a conclu avec ses fournisseurs d'Amérique Latine, un contrat FCA Buenos-Aires. Doit-elle conclure et payer le contrat de transport international ?
- ☐ oui
- ☒ non

2 Vous exportez en Norvège selon l'incoterm DDU Oslo. Devez-vous conclure et payer les contrats de transport et d'assurance ?
- ☒ oui
- ☐ non

3 Un fabricant français vend des alternateurs à un acheteur japonais selon l'incoterm DDP domicile du client avec paiement à 60 jours date de livraison. Les marchandises embarquées le 1er mars, arrivent le 1er avril à Tokyo et sont amenées chez le client le 8 avril. À quelle date est payé ce fabricant ?
- ☐ 01/03
- ☐ 01/05
- ☐ 01/06
- ☐ 08/06

4 Les marchandises, que vous expédiez à votre client d'Ankara, empruntent d'abord la voie maritime sur un navire roulier (RO-RO) jusqu'à Istanbul puis la route d'Istanbul à Ankara. Votre prix intègre le fret maritime et l'assurance transport mais les risques du transport sont assumés par votre client. Quel est l'incoterm de ce contrat ?
- ☐ CIF Istanbul
- ☐ CIP Istanbul
- ☐ CPT Istanbul
- ☐ CIP Ankara

5 Vous avez vendu un conteneur de pièces détachées d'automobiles, 60 000 EUR FCA Le Havre-entrepôt portuaire. Un incendie a détruit cet entrepôt ainsi que les marchandises qu'il contenait et notamment vos embrayages. Le client doit-il vous payer les 60 000 EUR ?
- ☐ oui
- ☐ non

6 Un industriel français vend 300 000 CAD de marchandises CPT Halifax, à un acheteur canadien avec paiement à 90 jours date de livraison. Les marchandises embarquées le 10 mai arrivent à Halifax le 10 juin et sont réceptionnées au domicile du client le 15 juin. À quelle date est payé cet industriel ?
- ☐ 10/05
- ☐ 10/08
- ☐ 10/09
- ☐ 15/09

7 Une société rémoise s'approvisionne auprès d'un fournisseur japonais d'Osaka. Pour des raisons d'organisation interne, elle ne se charge d'aucune opération de transport, d'assurance ou de douane. Quel incoterm peut être utilisé lors de cette transaction ?
- ☐ DDP Reims
- ☐ DDU Reims
- ☐ EXW Osaka
- ☐ CIP Reims

8 Les incoterms définissent :
a. le lieu de partage des frais et de transfert des risques du vendeur à l'acheteur
b. le lieu de transfert de propriété
c. les conditions dans lesquelles s'effectuera le paiement
d. les obligations documentaires du vendeur et de l'acheteur
- ☐ réponse a
- ☐ réponse b
- ☐ réponse c
- ☐ réponse d

9 Vous achetez une pirogue pour une exposition à Paris. Vous payez le transport maritime de Dakar à Marseille, vous assurez la marchandise et vous vous chargez de toutes les opérations qui se dérouleront en France. Selon quel incoterm avez-vous conclu cette opération ?
- ☐ FCA Dakar
- ☐ FCA Marseille
- ☐ CIP Marseille
- ☐ CPT Marseille

10 Un acheteur thaïlandais a conclu, avec votre entreprise, un contrat DDP Bangkok. Le transport comporte une rupture de charge à Singapour pour des raisons de coût. Devez-vous payer l'acheminement Singapour-Bangkok ?
- ☐ oui
- ☐ non

2. Une entreprise strasbourgeoise a acheté des potentiomètres de précision à une société chinoise de Shanghai. Le contrat prévoit, entre autres, les dispositions suivantes :
- 15 000 appareils référence JP08 pour un total de 180 000 EUR CIP Strasbourg ;
- date de livraison au 15 octobre ;
- pénalité – retard au taux de 1 % par jour de retard.

Les potentiomètres, pris en charge par la compagnie maritime, le 20 octobre au port de Shanghai, arrivent au Havre le 22 novembre et sont réceptionnés par le client le 25 novembre à Strasbourg.

Travail à faire

Évaluez le montant des pénalités-retard que peut réclamer l'entreprise strasbourgeoise.

1.2 *Mettez en application*

Vous êtes responsable des achats d'un équipementier automobile et vous devez acquérir une machine outil pour laquelle vous avez reçu deux offres correspondant à des matériels équivalents sur le plan technique :
- première offre d'un fabricant canadien : 70 000 EUR FCA Montréal ;
- seconde offre d'un fournisseur de Chicago : 111 500 USD CIP Le Havre.

Vous avez sollicité un transitaire pour évaluer les coûts induits par l'acheminement de cet équipement et vous avez obtenu la réponse suivante :
- 10 000 EUR pour le fret maritime Montréal – Le Havre ;
- assurance au taux de 0,6 % sur la valeur CPT + 10 %.

Le banquier vous assure d'un cours de 1 EUR = 1,3500 USD.

Travail à faire

Quelle offre retiendrez-vous ?

1.3 *Passez le BTS*

L'entreprise Textriel, implantée à Lille, fabrique et commercialise des matériels destinés à l'industrie textile. Elle a reçu une demande d'offre CIP Singapour pour un équipement intervenant dans la fabrication de dentelles. Son coût de revient a été estimé à 40 000 EUR. Il est expédié démonté et logé en 3 caisses export d'une valeur unitaire de 180 EUR. L'entreprise prélève une marge de 15 % sur le coût de revient, emballage inclus.

Travail à faire

1. Évaluez le prix d'offre CIP Singapour (arrondi à l'Euro le plus proche) à partir des informations suivantes et en faisant apparaître les valeurs FCA et CPT.

Informations relatives aux opérations de logistique

Assurance transport	0,7 % de CIP +10 %
Frais de dédouanement export	90 EUR
Frais de dédouanement import	600 SGD
Droits de douane à l'import	8 % de la valeur CIP
Fret maritime (quai à quai) Anvers – Singapour	3 200 EUR
Post-acheminement port Singapour – entreprise du client	980 SGD
Pré-acheminement Lille – Anvers	400 EUR

1 EUR = 2,0150 SGD (Dollar de Singapour).

2. Quelle(s) différence(s) aurait introduit pour Textriel l'incoterm DEQ Singapour au lieu de CIP Singapour ?

3. Quel est le coût de revient en EUR de cet équipement pour le client singapourien ?

corrigés

1.1 Vérifiez vos connaissances

1. Cochez les bonnes réponses

1. Oui : les fournisseurs remettent leurs marchandises à un prestataire désigné par la société de négoce qui doit prendre en charge le transport principal puisqu'elle achète FCA.

2. Oui : vous vendez DDU et vous supportez tous les frais sauf le dédouanement import et tous les risques jusqu'à Oslo. Par prudence, il vaut mieux souscrire une assurance-transport.

3. 08/06 : avec une vente DDP, le fabricant français remplit son obligation de livraison lors de l'arrivée des marchandises au domicile du client soit le 8 avril, date à partir de laquelle court le délai de paiement de 60 jours.

4. CIP Istanbul : l'acheminement maritime en Ro-Ro ne comporte pas de passage du bastingage, ce qui exclut CIF Istanbul ; par ailleurs vous payez l'assurance transport, ce qui évacue CPT Istanbul. Enfin, vous ne supportez que le fret maritime donc le fret jusqu'à Istanbul, d'où l'incoterm CIP Istanbul.

5. Oui : avec l'incoterm FCA Le Havre- entrepôt portuaire, vous avez livré les pièces détachées dès leur remise à l'entrepôt et transféré les risques à votre client qui doit donc vous les payer.

6. Le 10/08 : CPT Halifax est un incoterm de vente départ selon lequel vous aurez livré la marchandise lors de leur embarquement soit le 10 mai. En ajoutant les 90 jours de délai de paiement, l'industriel français sera payé le 10/08.

7. DDP Reims : la société ne voulant assumer aucune opération, le vendeur japonais prend, à sa charge, l'intégralité des opérations logistiques, sauf le déchargement à l'arrivée, et tous les risques.

8. Réponses a et d : les transferts de propriété et modalités de paiement sont définis dans le contrat commercial.

9. FCA Dakar : vous organisez et payez le fret principal par voie maritime, l'assurance, les opérations en France (dédouanement import et post-acheminement).

10. Oui : la rupture de charge ne vous délivre pas de vos obligations en matière de transport jusqu'au lieu convenu soit Bangkok.

2. Le montant des pénalités de retard

Pour évaluer les pénalités retard, il faut déterminer la date de livraison qui est donnée par l'incoterm du contrat.

Il s'agit d'un CIP Strasbourg, incoterm de vente départ : le vendeur a donc accompli son obligation de livraison lors de la remise des potentiomètres au transporteur maritime à Shanghai, soit le 20 octobre.

La date prévue de livraison avait été fixée au 15 octobre : le retard se limite donc à 5 jours.

Pénalité-retard = 1 % × 180 000 EUR × 5 jours = 9 000 EUR.

1.2 *Mettez en application*

Il convient de comparer les deux offres selon le même incoterm soit CIP Le Havre et en EUR.

Éléments	Offre canadienne	Offre américaine
1. FCA Montréal 2. Fret Montréal – Le Havre	70 000,00 10 000,00	
3. CPT Le Havre 4. Assurance = (80 000 × 1,10) × 0,6 %	80 000,00 528,00	
5. CIP Le Havre	80 528,00	82 592,59

Il vaut mieux acheter FCA Montréal et privilégier le fournisseur canadien d'autant qu'il formule son offre en EUR ce qui évite le risque de change.

1.3 *Passez le BTS*

CONSEIL
Pour faciliter l'élaboration de toute cotation, schématisez l'enchaînement des opérations de logistique.

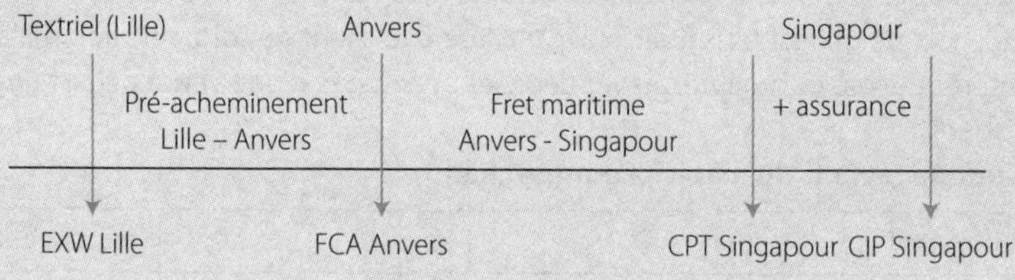

1. Évaluation du prix d'offre

Calcul de la valeur CIP Singapour

Eléments	Calculs	Montants en EUR
1. Coût de revient 2. Emballage export	 180 × 3	40 000,00 540,00
3. Coût de revient emballage inclus 4. Marge	(1) + (2) 15 % × (3)	40 540,00 6 081,00
5. EXW Lille		46 621,00
6. Frais de dédouanement export		90,00
7. Pré-acheminement de Lille à Anvers		400,00
8. FCA Anvers		47 111,00
9. Fret maritime		3 200,00
7. CPT Singapour		50 311,00
8. Assurance	(9) – (7)	390,40
9. CIP Singapour	(7)/0,9923	50 701,40
10. Prix d'offre CIP Singapour		50 701,00

2. La valeur n'aurait pas été modifiée car le partage des frais s'opère sur le quai du port de Singapour.

La différence se situe au niveau du transfert des risques. En vendant CIP Singapour, Textriel n'assume les risques que jusqu'à l'embarquement à Anvers alors que l'incoterm DES Singapour prolonge sa responsabilité jusqu'à la mise à quai à Singapour donc pendant toute la durée du transport maritime et la manutention à l'arrivée.

Le choix de CIP est plus judicieux car il libère le client de l'organisation de la logistique internationale et procure, au vendeur, les avantages d'une vente départ en matière de risques.

3. Coût de revient du matériel pour le client

Éléments	Calculs	Montants en SGD
1. CIP Singapour		50 701,00
2. Frais de dédouanement import	600/2,015	297,77
3. Droits de douane	(1) × 8 %	4 056,08
4. Post-acheminement jusqu'à l'usine du client	980/2,015	486,35
5. Coût de revient de l'équipement	(1) + (2) + (3) + (4)	55 541,20

Quel que soit l'incoterm du contrat, c'est toujours la marchandise qui supporte tous les frais !

2

La logistique

La logistique est devenue aujourd'hui une fonction clé dans l'entreprise, en particulier à l'international. Les raisons de cette croissance rapide et ses principales conséquences sont développées ici.

1 Le développement de la logistique

A L'évolution du concept

Autrefois limité aux problèmes d'approvisionnement, le concept de logistique s'est aujourd'hui étendu à toutes les opérations physiques en amont comme en aval de l'entreprise. Son objectif est de permettre la mise en place, au moindre coût, de la quantité de produits nécessaires, à l'endroit et au moment où la demande existe.

La logistique s'intéresse donc à :

- la localisation des usines et entrepôts,
- les approvisionnements, la gestion des encours de fabrication,
- l'emballage, le stockage et la gestion des stocks, la manutention, la préparation des commandes,
- les transports et tournées de livraison, etc.

Ce qui est nouveau dans cette conception moderne de la logistique, c'est sa vocation à gérer tous ces problèmes de façon globale, et non indépendamment les uns des autres.

B Logistique et circuits d'information

Pour mener à bien cette gestion des flux physiques (de l'amont vers l'aval), la logistique s'appuie sur des flux permanents d'information, de l'aval vers l'amont.

Exemple

La demande du client déclenche le réassort chez le distributeur, ce qui entraîne une mise en fabrication chez le fournisseur, qui elle-même alerte les sous-traitants, etc. L'ensemble de la chaîne d'approvisionnement est ainsi régulé par cette information « remontante ».

Cette circulation d'information a été facilitée par le développement de l'informatique, et par l'apparition de techniques d'identification de plus en plus sophistiquées des produits, des colis, des conteneurs, des engins : codes barres, étiquettes RFID (*Radio Frequency IDentification)*, etc.

Exemple

Grâce au GPS, il est possible aujourd'hui de localiser à tout moment un camion, et donc tous les colis qu'il contient si ceux-ci (ou les palettes) ont été scannés lors du chargement.

2 Les causes de cette évolution

Tous les opérateurs ont participé à ce développement de la logistique

A Les entreprises industrielles

La recherche de la compétitivité dans une situation de concurrence de plus en plus vive sur la plupart des marchés a conduit à la délocalisation des productions et à la spécialisation des usines.

Le souci de coller au plus près à une demande volatile a favorisé les systèmes de gestion en « juste à temps » et la réduction des stocks.

Tout ceci a multiplié les flux de produits, en même temps que les exigences des opérateurs sur leur régularité, leur ponctualité, leur fiabilité.

B Les distributeurs

Ils ont eux aussi cherché dans la modernisation de la logistique de nouvelles opportunités :

- en prenant de plus en plus en charge eux-mêmes la livraison aux points de vente, autrefois confiée à leurs fournisseurs ;
- en intégrant dans leur politique d'approvisionnement des importations directes de plus en plus nombreuses, autrefois assurées par des intermédiaires importateurs.

Exemple

Chez Wal-Mart, n° 1 mondial de la distribution au détail, plus de la moitié des produits proposés en magasin sont importés directement de Chine.

Cette révolution a été rendue possible par la généralisation du transport maritime conteneurisé et la réduction des coûts de transport qui s'en est suivie. Elle a eu des conséquences déterminantes sur l'organisation et la gestion des flux de marchandises.

C Les transporteurs

Le monde du transport a été lui aussi bouleversé par ces évolutions récentes :

- apparition de concurrents nouveaux, asiatiques en particulier ;
- baisse de la rentabilité des activités de transport proprement dites, du fait de la baisse des frets ;

- attentes de plus en plus pressantes des clients quant à la fourniture d'informations en continu, quant à la qualité et la régularité du service ;
- demandes de nouvelles prestations (post-manufacturing, allotissement, facturation, gestion des retours, etc.).

L'activité s'est donc profondément transformée, dans le sens d'une concentration des opérateurs, et d'une sophistication de plus en plus grande des services offerts et des techniques mises en œuvre.

3 De la logistique au « supply chain management »

Un degré supplémentaire d'évolution a été franchi avec le concept de gestion de la chaîne d'approvisionnement (en anglais, *supply chain management*). Les impératifs techniques évoqués plus haut, ainsi que de nouvelles exigences sociétales comme par exemple la récupération des emballages ou des produits en fin de vie, ou la traçabilité des produits alimentaires ont conduit à un phénomène d'intégration de plus en plus poussée.

Il apparaît indispensable aujourd'hui dans beaucoup de secteurs d'activité que les systèmes informatiques des clients, des fournisseurs, des sous-traitants, des prestataires de services puissent communiquer.

La performance économique est recherchée aussi bien par l'intégration des différentes fonctions à l'intérieur de l'entreprise, *via* les ERP (progiciels de gestion intégrés), que par l'intégration des différents partenaires de l'entreprise dans une procédure globale de circulation de l'information, souvent *via* les échanges électroniques de données (EDI), depuis les fournisseurs de ses fournisseurs… jusqu'aux clients de ses clients.

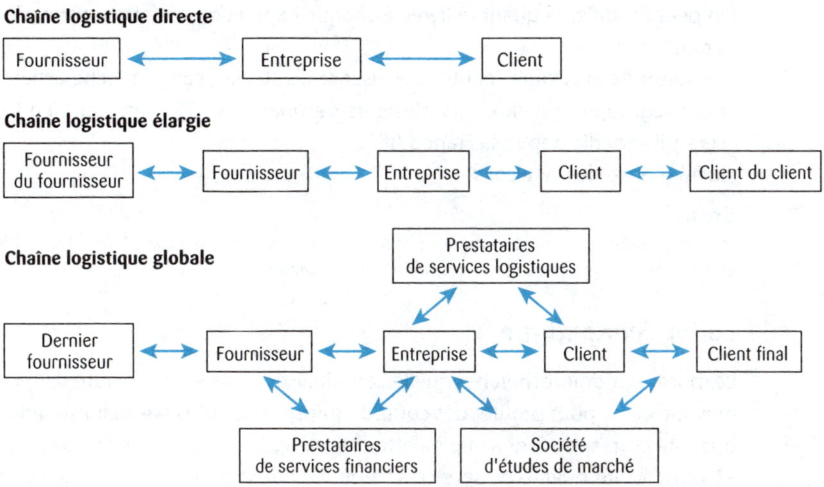

Source : J. Mentzer et al., Logistique et Management, n°2, 2001

3

Le choix d'une solution de transport

Pour toute opération d'achat ou de vente à l'étranger relevant de courants plus ou moins réguliers, une solution-transport doit être élaborée. La démarche peut être organisée en quatre étapes.

1 L'analyse des flux

A La notion de flux

Chaque fois que possible, il faut analyser les courants de marchandises en termes de **flux** et non pas comme des expéditions isolées : dans un laps de temps donné (l'année par exemple), une certaine quantité de marchandise doit parvenir à destination (chez un client, un distributeur, une plate-forme de réexpédition, etc.). Comment organiser ce déplacement ?

B Les variables

On peut modifier la quantité livrée à chaque expédition en faisant varier deux paramètres :

- les **lieux de stockage** (peut-on envisager de stocker sur le marché acheteur pour regrouper des flux vers plusieurs destinataires différents, ou bien tout sera-t-il expédié depuis la France ?) ;
- la fréquence des livraisons.

Exemple

Je dois expédier environ 100 tonnes par an. Je peux les livrer en 4 fois 25 tonnes, ou bien en 8 tonnes par mois, ou bien 2 tonnes chaque semaine, etc.

C Le lot économique

L'exportateur doit rechercher quelle combinaison permet d'atteindre des volumes suffisants pour profiter des coûts de transport les plus bas (par exemple, la quantité correspondant à une palette complète, à un conteneur complet), tout en offrant une qualité de service acceptable par le partenaire commercial en termes de fréquence et de délai de livraison, et sans générer des coûts de stockage trop importants pour lui.

Exemple
1 à 2 m^3, c'est une palette complète ; 60 m^3 et moins de 27 tonnes c'est un conteneur de 40 pieds.

2 L'inventaire des solutions

Une solution transport est le croisement d'un (ou plusieurs) mode(s) de transport, et de ses modalités contractuelles d'utilisation.

A Les modes de transport

Pour aller d'un continent à l'autre, on peut choisir entre transport maritime et transport aérien. En Europe, on peut choisir entre la route, le fer, l'air et la voie fluviale (la voie postale ou le courrier rapide ne constituent pas à proprement parler des modes de transport).

Mais, en pratique, seule la route (et le fer si expéditeur et destinataire y sont reliés), peut assurer un transport de porte à porte. Il faudra donc presque toujours combiner plusieurs modes. On peut le faire de trois façons :

- par l'utilisation **successive** de plusieurs modes (l'avion puis le camion par exemple), ce qui entraîne des ruptures de charge (déchargements et rechargements) ;
- par l'utilisation **combinée** de plusieurs modes : transports combinés rail-route ; transports fluvio-maritimes. Solutions intéressantes mais marginales ;
- par l'utilisation du **conteneur maritime**, qui permet de changer de mode sans décharger la marchandise. C'est bien sûr la solution la plus fréquente.

B Les types de contrats

On distingue quatre types de relations entre le transporteur et le chargeur (qui est soit l'expéditeur, soit plus souvent son transitaire, voir Cours 4 *Les transitaires*).

L'expédition exclusive : un contrat de transport lie directement les deux parties. C'est le cas le plus fréquent.

Le groupage : le chargeur confie ses marchandises à un groupeur, lequel remet ensuite des lots complets au transporteur (conteneurs complets, palettes-avion complètes) ou en fait assurer lui-même le transport (camion complet).

L'affrètement : l'expéditeur loue un engin de transport (au voyage, ou à temps) pour assurer sous sa propre responsabilité le déplacement des marchandises. Utilisé plutôt pour les matières premières.

Le transport pour compte propre : l'expéditeur utilise ses propres engins de transport. C'est un cas de figure très rare à l'international car il pose le problème des retours à vide.

(C) Les solutions usuelles

Elles dépendent de la nature de la relation, et de la quantité à transporter.

Pour les toutes petites expéditions (moins de 20 kg), on utilise des formules particulières : fret express routier, courrier rapide en intercontinental.

Entre quelques dizaines de kilogrammes et quelques tonnes, on se situe dans le domaine privilégié du groupage : groupage routier, messagerie ferroviaire (moins de 5 t), groupage-conteneur en maritime.

Au-delà de 10 tonnes, les volumes se rapprochent de ceux d'un engin de transport (conteneur, camion, wagon). Dans cette situation, de loin la plus fréquente, il faut systématiquement rechercher des solutions reposant sur des envois complets, ce qui réduit considérablement les coûts unitaires de transport.

Exemple

Le fret maritime pour un conteneur de 40 pieds entre la Chine et Rotterdam coûte moins de 2 000 USD. Si le conteneur est plein et contient 20 tonnes de marchandises, ce transport coûte alors sensiblement moins de 10 centimes d'euro par kilo ; 3 centimes pour un T-shirt par exemple.

3 La prise en compte des contraintes

Parmi les solutions recensées, toutes ne sont pas utilisables, du fait des contraintes pesant sur l'expédition.

(A) Les caractéristiques de la relation

Il faut se renseigner sur l'équipement des ports de transit, sur les possibilités de manutention du conteneur à destination, etc. Il faut analyser le transport de bout en bout (de l'expéditeur jusque chez le destinataire). Ce sont en effet les contraintes du maillon le plus faible qui détermineront la technique utilisable et l'itinéraire.

Exemple

Le post-acheminement d'un conteneur en saison des pluies en Afrique peut poser des problèmes insurmontables. Mieux vaut prévoir dans ce cas un dépotage au port de destination.

(B) Les caractéristiques de la marchandise

- **Sa nature** (produit fragile, de forte valeur, produit périssable, produit dangereux, masse indivisible, etc.) peut générer des contraintes particulières.
- **Sa valeur au kilo** : les coûts logistiques doivent être estimés en pourcentage de cette valeur. Certaines solutions, comme l'expédition aérienne, ne peuvent donc concerner que des marchandises d'une valeur unitaire suffisante.

CONSEIL
Sauf situation exceptionnelle (produits périssables, situation d'urgence), on ne peut envisager l'avion pour des marchandises coûtant moins de 20 euros au kilo.

4 Les critères de choix

A Le coût logistique

Il faut l'apprécier dans sa globalité :
- coût du transport de bout en bout ;
- coût de l'emballage (qui dépend du niveau de risques) ;
- coût du stockage généré par l'échelonnement des livraisons.

B Le délai

De façon générale, la rapidité se paye. Il faut prendre en compte le délai de transport proprement dit (transit-time), mais aussi les délais d'attente au départ, à l'arrivée (déchargement, douane).

CONSEIL
L'encombrement chronique de certains ports peut conduire à choisir des itinéraires indirects, voire à préférer l'avion.

C La sécurité

La garantie de livraisons fiables est devenue un argument commercial essentiel. Il faut donc veiller à la fois à la sécurité de la marchandise, qui dépend beaucoup de l'organisation de l'expédition, et à la sécurité des délais pour limiter les risques de retard à la livraison.

4

Les transitaires

C'est le nom généralement donné, bien qu'il ne corresponde à aucune définition légale, aux différents auxiliaires de transport qui servent d'intermédiaire entre le chargeur (qui leur confie les marchandises) et les transporteurs.

1 Le statut du transitaire

Selon les instructions qui lui sont fournies, l'intermédiaire agit en tant que mandataire ou en tant que commissionnaire. Cette distinction est essentielle en cas de litige mettant en cause sa responsabilité.

(A) Le commissionnaire

- Il choisit les transporteurs, pour le compte du chargeur.
- Il est tenu à une obligation de résultat.
- Il est responsable des fautes des prestataires substitués (des intervenants qu'il a choisis)[1].

(B) Le mandataire

- Il ne choisit pas les prestataires, qui lui sont imposés par le chargeur.
- Il n'est tenu qu'à une obligation de moyens.
- Il n'est responsable que de ses fautes propres.

CONSEIL

Compte tenu de la technicité de plus en plus grande des opérations logistiques, il est conseillé aux opérateurs, et en particulier aux exportateurs occasionnels, de s'en remettre plutôt à un transitaire agissant comme commissionnaire, qui sera plus autonome mais aussi plus responsable.

1. La responsabilité du commissionnaire pour les fautes de ses substitués est cependant limitée dans les mêmes conditions (limite en valeur, causes exonératoires) que la leur propre (voir Cours 6 *La responsabilité du transporteur*).

2 L'activité des principaux auxiliaires de transport

Tous modes	L'**opérateur de transport multimodal** (OTM) organise tous types d'expédition, et est particulièrement utile pour les expéditions par conteneur empruntant successivement plusieurs modes de transport. C'est un commissionnaire. Le **commissionnaire agréé en douane** est un mandataire autorisé par l'administration à dédouaner les marchandises pour le compte d'autrui.
Maritime	Le **commissionnaire de transport maritime** est l'archétype du commissionnaire : il organise les expéditions et les opérations portuaires. Il est souvent spécialisé sur une zone géographique. Le **transitaire portuaire** est un mandataire qui assure la prise en charge de la marchandise pour sa mise à bord, ou sa réexpédition après déchargement. Le **groupeur** est un commissionnaire qui réunit des expéditions de détail pour remettre des conteneurs complets à la compagnie maritime.
Aérien	Le **groupeur de fret aérien**, commissionnaire, regroupe des expéditions pour former des palettes complètes à remettre aux compagnies. L'**agent de fret aérien**, mandataire ou commissionnaire, signe les documents de transport pour le compte de la compagnie.
Routier	Le **groupeur routier**, commissionnaire, constitue des camions complets qu'il se charge ensuite de faire transporter. L'**affréteur routier**, commissionnaire, met en relation les chargeurs et les transporteurs pour la réalisation d'une expédition complète.

3 Le choix du transitaire

A Définition des besoins

L'opérateur analyse les opérations sur marchandises qu'il réalise (volumes, fréquences, destinations, etc.), et les opérations logistiques et administratives qu'il entend sous-traiter.

B Présélection

Les transitaires sont présélectionnés grâce aux annuaires professionnels. La plupart sont en effet spécialisés (sur un mode de transport, une destination, un type d'opération, etc.).

C Appels d'offres

L'exportateur lance ensuite des appels d'offres (dits « demandes de cotation ») qui portent soit sur des opérations ponctuelles, soit sur des courants d'affaires.

CONSEIL

Les conditions obtenues sont bien plus favorables pour le chargeur s'il négocie un contrat global portant sur tout un courant d'affaires. C'est ce qui se fait le plus souvent.

D) Négociation et choix

Le ou les partenaires sont ensuite retenus sur la base de leur cotation (leur offre), mais aussi des garanties qu'ils offrent en matière de délai et de qualité du service (la certification ISO 9000 offre certaines assurances en la matière).

> CONSEIL
> Inutile de multiplier les intervenants, ce qui complique les échanges d'information. Mieux vaut en sélectionner un tout petit nombre pour chaque grande zone d'exportation, voire un seul… mais vérifier régulièrement sa compétitivité, et le lui faire savoir.

4 La facture du transitaire

On y retrouve en général trois types d'éléments.

A) Le remboursement de frais engagés par le transitaire, et qu'il a négociés

Le fret principal, sur lequel il bénéficie, sauf en ferroviaire, d'une commission qui lui est versée par la compagnie en tant qu'apporteur de fret, et qu'il conserve à son profit. S'il est groupeur, il bénéficie de plus des tarifs favorables liés à la remise de lots complets : il revend alors le fret avec une marge.

> CONSEIL
> Les ristournes de fidélité versées périodiquement par les compagnies maritimes doivent en revanche être reversées au chargeur. Il faut vérifier que c'est bien le cas.

Les frais de manutention, sur lesquels le transitaire prélève en général une marge d'environ 10 %.
La prime d'assurance, si c'est lui qui a assuré la marchandise pour le compte du chargeur, et sur laquelle il est aussi d'usage qu'il se rémunère.

B) Le remboursement des perceptions douanières éventuelles

Il peut s'agir de droits de douane, de la TVA, du crédit d'enlèvement, etc. Le transitaire ne prend aucune marge sur ces débours.

(C) La rémunération de son activité propre

Il peut s'agir des honoraires d'agréé en douane, dont le montant est libre aujourd'hui, de commissions de transit, de frais divers (de dossier, de correspondance, de visa des documents, etc.).

Il s'agit à proprement parler de la rémunération du service rendu. Ces frais sont le plus souvent forfaitaires et, la concurrence entre transitaires étant sévère, leur montant est en général très modeste, et toujours négociable.

5

Les parties au contrat de transport

Juridiquement, le contrat de transport est signé entre un chargeur et un transporteur. Dans la réalité, les choses sont un peu plus complexes car les parties prenantes sont nombreuses.

1 En transport maritime

(A) Pour les expéditions en FCL (conteneur complet)

L'exportateur fait en général appel à un **commissionnaire** pour organiser le positionnement du conteneur et sa traction jusqu'au port d'embarquement. Celui-ci sous-traite ensuite à un **transitaire portuaire,** parfois nommé **« consignataire de la marchandise »,** les opérations de manutention, de douane, et la signature des connaissements. **L'armateur**, de son côté, est représenté par son **agent**.

CONSEIL

Si le paiement a lieu par crédit documentaire, il faudra veiller en général à ce que ce soit bien l'exportateur qui figure comme chargeur sur le connaissement.

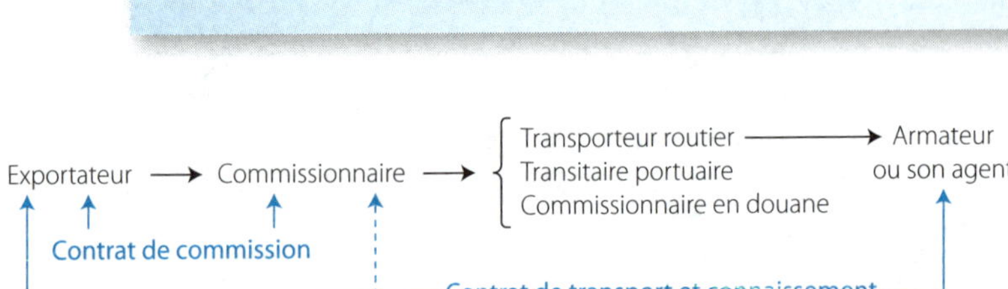

Remarques

- On va retrouver la même organisation à l'arrivée pour gérer le déchargement, le dédouanement et le post-acheminement jusque chez le destinataire.
- Certains gros commissionnaires, dits NVOCC (« *Non Vessel Operating Common Carriers* »), se placent juridiquement comme transporteurs bien qu'ils n'arment pas de navires. Ils

émettent alors, pour couvrir tout l'acheminement, des **connaissements de transport combinés** (CTBL) ou des connaissements FIATA (FIATA B/L ou FBL), qui les engagent comme s'ils étaient les transporteurs. FIATA est la fédération internationale des associations de transitaires.

(B) Pour les expéditions en LCL

Deux situations sont possibles :

- les marchandises (sur palettes par exemple) sont remises à un groupeur. Celui-ci ne peut remettre le connaissement au chargeur. Il lui délivre alors une **attestation de prise en charge** ou FCR (*Forwarding Agent Certificate of Receipt*), qui ne peut être considéré comme un document de transport ;
- les marchandises sur palettes sont remises à la compagnie pour être conteneurisées par elle (groupage compagnie). Le chargeur ou son représentant obtient le plus souvent un **connaissement « reçu pour embarquement »**, ou une **lettre de transport maritime** *(Sea Waybill)* non négociable (voir Cours 11 *Le connaissement maritime*).

2 En transport aérien

La majorité des expéditions ne correspondent pas au volume d'une palette-avion. Deux cas sont alors possibles.

(A) L'expédition exclusive

Les marchandises sont remises à la compagnie, qui les confie à une société de « *handling* » (manutention), laquelle constitue des palettes-avion. Le chargeur reçoit de la compagnie, ou de son agent, une **lettre de transport aérien** (LTA, en anglais *Air Way Bill* ou AWB). Il en serait de même s'il remettait un lot complet.

(B) Le groupage

Les marchandises sont remises à un transitaire groupeur. Celui-ci émet une LTA de groupage, ou ***House Air Way Bill*** (HAWB). Le groupeur réunit ensuite plusieurs expéditions pour constituer des lots complets. Il les remet à une compagnie et reçoit la « vraie » LTA, que l'on appelle dans ce cas ***Master Air Way Bill*** ou MAWB.

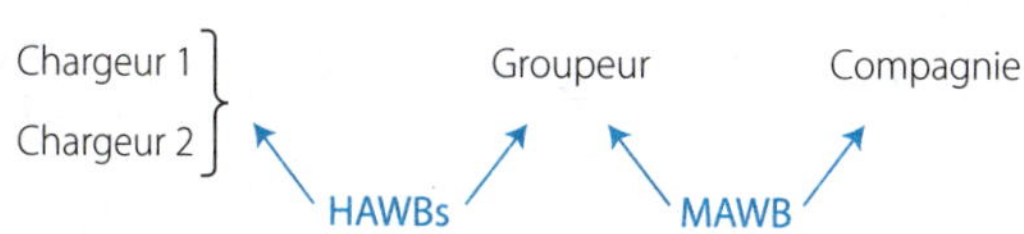

3 En transport routier

(A) Pour les envois complets

En cas de camion complet, le chargeur a en général un contact direct avec le transporteur. Celui-ci envoie un de ses véhicules chercher la marchandise, ou sous-traite auprès d'un autre transporteur (on parle alors « d'affrètement routier »). Dans les deux cas, le chauffeur routier signe **la lettre de voiture** qui vaut contrat de transport (voir Cours 13 *Les autres modes de transport*).

(B) Pour la messagerie (quelques colis ou palettes)

Pour les pré- et post-acheminement en aérien, comme pour les groupages routiers, ce sont les groupeurs ou les compagnies qui font leur affaire de cette collecte ou livraison. On remet en général à l'expéditeur une **attestation de prise en charge** et non un document de transport.

CONSEIL

Selon la rédaction des instructions données au transporteur quant au lieu de prise en charge, ce transport peut être considéré comme national ou international. Les textes applicables ne seront pas les mêmes, ce qui peut avoir une incidence sur l'indemnisation en cas de dommages.

6

La responsabilité du transporteur

Ce sont les conventions internationales de transport qui définissent les règles applicables en matière de responsabilité du transporteur. Si l'étendue de cette responsabilité varie d'un mode de transport à l'autre, les principes sont à peu près toujours les mêmes.

1 Présomption de responsabilité

(A) Principe

En cas de sinistre constaté à l'arrivée (non-livraison ou avarie), une **présomption de responsabilité** pèse sur le transporteur qui a reconnu, par la signature du document de transport, avoir pris en charge des marchandises en bon état apparent.

(B) Effet des réserves

Toutefois, les **réserves** dûment motivées émises par le transporteur au moment de la prise en charge réduisent cette présomption dans les domaines (nombre et état des colis, qualité des emballages) où elles ont été formulées.

Exemple

Des réserves du type « cartons abîmés » pourront excuser un mauvais état de la marchandise à l'arrivée, mais ne justifieront pas qu'un carton soit manquant.

2 Causes d'exonération

Les textes instituant cette présomption de responsabilité du transporteur prévoient un certain nombre de **causes exonératoires** qui ont pour résultat :

- soit d'exonérer celui-ci de toute responsabilité (d'où l'importance dans ce cas de bénéficier d'une couverture d'assurance) ;
- soit de faire tomber la présomption, ce qui revient à obliger l'ayant-droit à la marchandise ou son assureur à apporter la preuve de la faute du transporteur.

Ces causes d'exonération sont plus ou moins nombreuses suivant le mode de transport. Certaines sont communes à presque toutes les conventions, comme le défaut d'emballage ou le vice propre de la marchandise (c'est-à-dire sa détérioration spontanée, comme les produits périssables par exemple).

CONSEIL
Veiller à la qualité des emballages utilisés est donc une précaution essentielle pour l'exportateur, car le « défaut d'emballage » fait tomber la présomption de responsabilité pesant sur le transporteur, mais est aussi une cause exonératoire pour l'assureur.

Principales causes d'exonération de la responsabilité du transporteur

MARITIME • Convention de Bruxelles	Navire : innavigabilité, vice caché, force majeure, faute nautique (liée à la conduite du navire), etc. Marchandise : vice propre, défaut d'emballage, etc.
• Règles de Hambourg	Incendie à bord, sauvetage en mer, transport d'animaux vivants.
AÉRIEN • Convention de Varsovie	« Due diligence » du transporteur (preuve qu'il a fait ce qui était raisonnablement possible). Force majeure, faute de l'ayant-droit (liée au dommage).
• Convention de Montréal	Faute du chargeur, vice propre, emballage défectueux, acte de guerre, « fait du Prince ».
ROUTIER Convention CMR	Exonération totale : faute du chargeur, force majeure, etc. Renversement de la présomption : emballage défectueux, chargement par l'expéditeur, etc.
FERROVIAIRE Convention COTIF/CIM	Exonération totale : faute de l'ayant-droit, force majeure, etc. Renversement de la présomption : chargement défectueux, défaut d'emballage, etc.

3 *Limite en valeur*

Toutes les conventions prévoient que la responsabilité du transporteur ne peut être engagée au-delà d'une certaine limite de valeur par kilogramme de marchandise (et/ou par colis). Le préjudice subi n'est indemnisé qu'à concurrence de ces montants.

Limitation de l'indemnité en cas de sinistre

MARITIME	• Bruxelles	2 DTS[1] par kg ou 667 DTS par colis (limite la plus élevée applicable)
	• Hambourg	2,5 DTS par kg ou 835 DTS par colis (limite la plus élevée applicable).
AÉRIEN	• Varsovie	250 F-or par kg, soit 17 DTS environ.
	• Montréal	17 DTS par kg.
ROUTIER	• CMR	8,33 DTS par kg.
FERROVIAIRE	• COTIF/CIM	17 DTS par kg.

1. Le DTS, ou « droit de tirage spécial » est l'unité de compte du Fonds monétaire international. C'est un panier de quatre monnaies (EUR, USD, GBP, JPY) dont le cours évolue quotidiennement en fonction de celui des monnaies qui le composent.
1 DTS vaut 1,5 USD environ.

4 *Levée des limites*

Pour les expéditions de marchandises dont la valeur au kilo est élevée, il est possible de lever la limite définie ci-dessus en informant le transporteur. Cette **« déclaration de valeur »** entraîne la perception d'une prime. Elle ne doit pas être confondue avec une assurance car elle n'aura d'effet que si la responsabilité du transporteur est établie.
La limite en valeur est aussi levée en cas de **dol** ou de **faute lourde** du transporteur.

5 *Responsabilité pour retard*

La plupart des conventions de transport ne prévoient d'indemnisation de l'expéditeur en cas de retard que si un **délai a été convenu** avec le transporteur. Encore le préjudice commercial n'est-il jamais couvert. Ce dernier peut pourtant être très élevé pour le vendeur qui livre en retard et perd la confiance de son client, ou pour l'acheteur qui ne reçoit pas la marchandise en temps voulu.
En transport routier et ferroviaire toutefois, l'expéditeur peut augmenter le montant de l'éventuelle indemnisation pour retard par une déclaration « **d'intérêt spécial à la livraison** » qui donne lieu à la perception d'une prime.

CONSEIL
Si le respect du délai est important, il est préférable de se tourner vers des **prestations à délai garanti**, sur lesquelles les transporteurs engagent leur responsabilité. Ils sont de plus en plus nombreux à offrir aujourd'hui de tels « produits ».

Responsabilité pour retard

MARITIME	• Bruxelles	Le retard n'existe que si un délai a été convenu sur le connaissement (ce qui est très rare).
	• Hambourg	En cas de dépassement du délai convenu, ou d'un délai « raisonnable » compte tenu des circonstances.
AÉRIEN	• Varsovie et Montréal	Le retard n'existe qu'en cas de délai convenu, ou « manifestement excessif ».
ROUTIER	• CMR	En cas de dépassement du délai convenu ; indemnité limitée au prix du transport, sauf déclaration « d'intérêt à la livraison ».
FERROVIAIRE	• COTIF/CIM	En cas de dépassement des délais prévus dans la Convention ; indemnité limitée à 3 fois le prix du transport, sauf « intérêt spécial » à la livraison.

7

La sécurisation du fret

Les initiatives se sont multipliées depuis 2001 pour garantir la sécurité des personnes et la « sûreté » du fret international, essentiellement contre le risque terroriste. Au départ américaines, ces mesures ont été relayées ensuite par des organisations internationales : OACI (Organisation de l'aviation civile internationale), OMI (Organisation maritime internationale), et Union européenne.

1 La sûreté maritime

Le niveau de sûreté d'un port est devenu aujourd'hui un élément important d'attractivité pour les compagnies maritimes comme pour les chargeurs, au même titre que la fiabilité ou le coût de passage.

A La sûreté des navires et des installations portuaires

Elle relève de la convention SOLAS (*Safety of Life At Sea*) et du Code ISPS (*International Ship and Port Facility Security Code*) édictés en 2002 sous l'égide de l'Organisation Maritime Internationale. Ces textes ont été transposés en droit communautaire, en durcissant certaines de ses dispositions, par le règlement communautaire 725/2004.

B La sûreté des ports

Elle relève quant à elle d'une réflexion commune entre l'OMI et l'OIT (Organisation Internationale du Travail) qui a conduit à un recueil de recommandations pratiques sur la sûreté dans les ports. Transposée en droit communautaire par la directive 2005/65 du 26 octobre 2005, elle étend à l'ensemble de la zone portuaire les dispositions du code ISPS, en particulier en ce qui concerne le contrôle des mouvements de personnes et de marchandises.

C La réglementation américaine

À côté de ces textes, il demeure des initiatives unilatérales en matière de sécurisation du fret destiné aux États-Unis qui ont été prises par le gouvernement américain dans les mois qui ont suivi les attentats de septembre 2001, et dont certaines n'ont pas encore été intégrées dans un accord international.

- Le « *Customs trade partnership against terrorism* » (CTPAT) propose des mesures de contrôle volontaire renforcées dans les ports européens, permettant ensuite un allégement des formalités à l'entrée aux USA.
- La « *Container security initiative* » (CSI) vise à contrôler les conteneurs dans les ports d'expédition avant leur embarquement. Les marchandises passant par les ports CSI font ensuite l'objet d'un dédouanement plus rapide aux États-Unis.
- Le « *Hundred percent scanning* » (scannage de tous les conteneurs avec envoi en temps réel des images aux USA) réclamé à l'horizon 2012 pour tous les conteneurs embarquant vers les États-Unis, en remplacement du système actuel d'envoi aux USA des documents décrivant la cargaison 24 heures avant le chargement (« *24 hour advice* »).

CONSEIL
Toutes ces règles doivent être prises en compte par les opérateurs, du fait de leur influence sur les coûts, les délais d'expédition, mais aussi éventuellement sur le choix du port d'embarquement.

2 La sûreté du fret aérien

Des règles communes de sécurité ont été adoptées dans l'UE par le règlement n° 2320/2002, puis transcrites en France dans le code de l'aviation civile.
Leur principe est que tout ce qui est chargé dans un avion – les passagers, l'équipage, leurs bagages, les produits consommés à bord, le kérosène et bien entendu le fret – doit être sécurisé, en général au moins par passage aux rayons X. En ce qui concerne le fret, ce contrôle doit être exercé par un organisme technique habilité.
Les expéditions ne pouvant pas être contrôlées à l'aéroport seront refusées à l'embarquement, ou soumises à un délai d'attente de 120 heures avant expédition, si elles ne sont pas présentées par un « chargeur connu ». Pour bénéficier de ce statut, l'exportateur doit obtenir un agrément. Peu l'ont demandé.

3 Le statut d'opérateur économique agréé

A Principe

Sur la base des travaux conjoints de l'OMI et de l'OMD (Organisation mondiale des Douanes), la Commission européenne a proposé un règlement sur le renforcement de la sûreté de la chaîne d'approvisionnement. Ce texte ambitieux vise toutes les étapes de la chaîne logistique, de l'usine du fabricant jusqu'au lieu de destination, et tous les types de transports, conteneurisés ou non.

Il introduit le label « d'opérateur économique agréé » (OEA), qui peut être accordé à tout intervenant (expéditeur, transporteur, transitaire, entrepositaire) qui en fait la demande et peut prouver qu'il remplit les exigences le concernant en matière de sécurité (contrôle des accès, sûreté du personnel, sûreté informatique, etc.).

B) Modalités

Trois niveaux d'agrément sont prévus :

- le certificat « simplifications douanières » ;
- le certificat « sécurité/sûreté » ;
- le certificat « intégral », cumulant les caractéristiques des deux précédents.

Délivré à la suite d'un audit de l'entreprise, le statut d'OEA ouvre dès 2009 une série d'avantages basés sur un traitement personnalisé. Cela englobe notamment :

- des facilités douanières comme le statut d'expéditeur agréé, le dédouanement centralisé et la dispense de garantie, etc.
- des fréquences réduites de contrôles douaniers ;
- surtout, des transmissions d'informations réduites au titre des obligations en matière de sécurité/sûreté, pour les opérateurs bénéficiant de ce certificat.

CONSEIL

Tous les opérateurs réguliers doivent s'intéresser aux démarches de certification, compte tenu des facilités offertes aux entreprises agréées, dont l'objectif explicite est de concentrer petit à petit les contrôles sur les autres opérateurs.

8

L'assurance des marchandises transportées

Une grande partie des marchandises voyage aujourd'hui sans assurance. Cette situation, préjudiciable aux opérateurs, tient le plus souvent à une méconnaissance des règles régissant la responsabilité des intervenants.

1 Éléments communs à toutes les polices

- Elles couvrent les conséquences sur la marchandise des sinistres survenus au moyen de transport (naufrage, déraillement, etc.), et de ceux ne concernant que la marchandise elle-même (perte, vol, etc.).
- Un certain nombre de causes de sinistres sont toujours exclues des garanties (l'absence ou le défaut d'emballage, la faute de l'assuré, le « vice propre » de la marchandise (c'est-à-dire sa dégradation spontanée comme pour les produits périssables), la guerre atomique, etc.).
- L'indemnisation ne porte que sur les marchandises elles-mêmes ; les conséquences du sinistre (préjudice commercial, pénalités de retard versées, etc.) ne sont pas indemnisées.
- Les polices sont souscrites « pour le compte de qui il appartiendra », afin que leur bénéfice puisse être transféré du souscripteur vers l'acheteur si l'incoterm le prévoit.

Exemple

En cas de vente CIF ou CIP, l'assurance est souscrite par le vendeur, alors que c'est l'acheteur qui a la marchandise en risque pendant le transport principal. Son bénéfice doit donc pouvoir être transféré de l'un à l'autre.

- L'assurance maritime et l'assurance aérienne couvrent, sauf exception, le transport « de magasin à magasin », et garantissent donc aussi les pré- ou post-acheminements terrestres.
- La valeur d'assurance est déterminée librement pas l'assuré, et sert de base au calcul de la prime. Il est d'usage que cette valeur excède d'environ 10 % le montant de la facture, afin de couvrir aussi les frais engagés en cas de sinistre total. Cette majoration de 10 % est imposée par l'incoterm CIF.

CONSEIL

Toutes les expéditions devraient être couvertes par une assurance-transport, souscrite, selon l'incoterm du contrat de vente, soit par l'acheteur soit par le vendeur. En effet

- la présomption de responsabilité pesant sur le transporteur ou le commissionnaire ne garantissent pas l'indemnisation d'un sinistre éventuel : limitation de l'indemnité, causes d'exonération, etc. ;
- le coût de l'assurance est le plus souvent modique (de quelques millièmes à 1 % de la valeur des marchandises) ;
- en cas de sinistre indemnisable, c'est l'assureur qui fera son affaire des éventuels recours contre les tiers responsables, en déchargeant ainsi l'exportateur.

2 Les différentes garanties

A Avarie particulière et avarie commune

En transport maritime (et en fluvial sur le Rhin et la Moselle), une distinction essentielle est opérée entre ces deux types d'avaries.

L'avarie particulière ne concerne que les marchandises, ou qu'une marchandise déterminée (exemple : dégradation, casse, détrempe, perte, vol, etc.).

L'avarie commune désigne les dépenses décidées par le capitaine dans l'intérêt commun du navire et de la cargaison (remorquage en mer par exemple). Comme tous les chargeurs et l'armateur sont concernés, tous y contribuent au prorata de la valeur en risque (valeur de chaque marchandise, et valeur du navire). Afin de garantir que tous les chargeurs puissent supporter leur part du dommage, la compagnie exigera que tous soient assurés, au moins pour ce risque.

(B) Risques couverts dans le cadre de chaque garantie

	Garanties	Avarie commune	Certaines avaries particulières	Toutes les avaries particulières	Frais liés à l'avarie	Vol partiel ou total	Guerre, grève
Maritime	FAP sauf[1]	X	X		X		
	Tous risques	X		X	X	X	
	Plus « risque de guerre »	X		X	X	X	X
Aérien	Tous risques			X	X	X	
	Plus « risque de guerre »				X	X	X
Terrestre	Accidents caractérisés		X		X		
	Tous risques			X	X	X	
	Plus « risque de guerre »			X	X	X	X

1. « FAP sauf » : Franc d'avaries particulières sauf… les risques explicitement listés. Ce sont les seuls couverts.

3 Les différentes polices

La police au voyage

Elle couvre une expédition donnée, pour un trajet et une valeur déterminés.

La police à alimenter

C'est une police globale qui couvre une série d'expéditions échelonnées de marchandises de même nature. Chaque expédition est signalée à l'assureur par un « avis d'aliment ».

Les polices d'abonnement, ou « flottantes »

Elles couvrent tous les envois d'un même exportateur, quels que soient les marchandises et les modes de transport.

La police tiers-chargeur

Souscrite par un transitaire ou un transporteur, elle couvre les marchandises que les chargeurs lui demandent d'assurer pour leur compte. C'est un cas de figure très fréquent en transport aérien.

4 L'indemnisation des dommages

A En cas d'avarie particulière

Qu'il soit ou non l'assuré, le réceptionnaire qui constate des dommages à l'arrivée du moyen de transport doit accomplir un certain nombre d'opérations pour maintenir les droits à indemnité. On parle de procédure PCRD car il doit :

- prendre les mesures nécessaires pour assurer la **préservation** des marchandises et éviter l'aggravation des dommages ;

Exemple
La marchandise, quel que soit son état, doit être mise sous abri. Elle doit être triée en cas de dommage partiel pour éviter la dégradation du reste de la livraison, etc.

- alerter dans les plus brefs délais le commissaire d'avarie mentionné sur le certificat d'assurance pour qu'un **constat** des dommages soit dressé, qui en précisera l'étendue et la cause probable ;
- notifier de façon circonstanciée des **réserves** au transporteur, dans un délai qui varie selon le mode de transport et le caractère apparent ou non des dommages. Ces réserves doivent ensuite être confirmées par écrit ;
- expédier dans les meilleurs délais à l'assureur une **déclaration** de sinistre ; puis dès que possible un dossier comprenant :
- l'original du titre d'assurance, du document de transport, de la facture ;
- le rapport du commissaire d'avaries ;
- la preuve de la conservation des recours envers le transporteur (réserves).

B En cas d'avarie commune

L'expert-répartiteur réclame à chacun des chargeurs une provision avant de les autoriser à prendre possession de la marchandise. Ceux-ci doivent alors se tourner vers l'assureur.

Après expertise et répartition (appelée « dispache »), une contribution définitive à l'avarie est réclamée à chacun. Cette demande est adressée à l'assureur qui la règle directement.

9

Palettes et conteneurs

Dans le domaine du transport on distingue les produits en vrac (matières premières minérales et agricoles, hydrocarbures), de ce que l'on nomme les « marchandises générales ». Ces dernières sont emballées, le plus souvent dans des cartons, puis en général palettisées et conteneurisées.

Pour les expéditions intercontinentales de ce type de produits, à 95 % maritimes, seul le conteneur, par son caractère multimodal et sa facilité de manutention permet en effet d'atteindre la productivité attendue.

1 Les palettes

(A) Dimensions

Constituées d'un plancher de bois surélevé d'une douzaine de centimètres pour le passage des fourches des engins de manutention, elles mesurent 80 × 120 cm (« europalettes »), ou 100 × 120 cm. Elles peuvent porter plus d'une tonne de marchandises, mais en général seulement 300 à 400 kg en pratique.

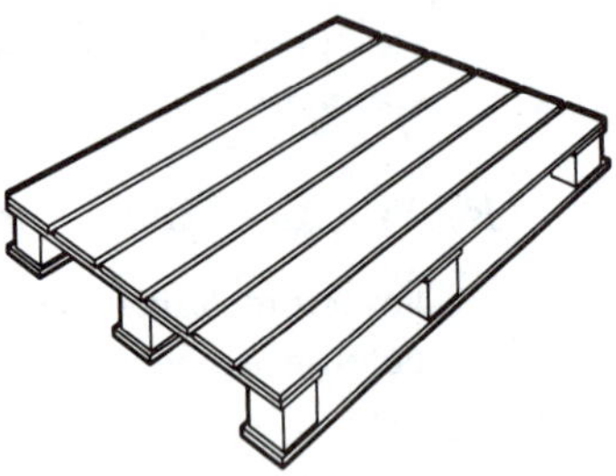

(B) Préparation de la marchandise

Les palettes sont chargées en bout de chaîne de fabrication, puis cerclées ou filmées pour arrimer l'ensemble.

CONSEIL

Un film rétractable opaque permet de dissimuler le contenu pour limiter le vol.

2 Les conteneurs

A Types et dimensions

Il existe des conteneurs de tous types (dry, reefer, open-top, tank, flat, etc.) et de plusieurs dimensions (20 pieds, 40 pieds, mais aussi 30' ; 8 pieds de haut, mais aussi 8,6 et 9,6 (high-cube), etc.).
Mais l'essentiel du trafic international concerne les conteneurs de 40 pieds standard en acier pour marchandises sèches. Ses cotes normalisées sont les cotes extérieures : 40 × 8 × 8 pieds. Les dimensions intérieures dépendent donc de la nature et l'épaisseur des parois, plus importante par exemple pour les conteneurs isothermes.

Dimensions utiles	20' standard	40' standard
Dimensions extérieures	20 × 8 × 8 pieds	40 × 8 × 8 pieds
Dimensions intérieures moyennes L × l × h	588 × 234 × 225 cm	1 204 × 234 × 225
Volume utile	31 à 32 m^3	62 à 64 m^3
Masse chargeable	18 tonnes	26 tonnes
Nombre de palettes de 100 × 120 cm chargeables	10	20

B Schéma

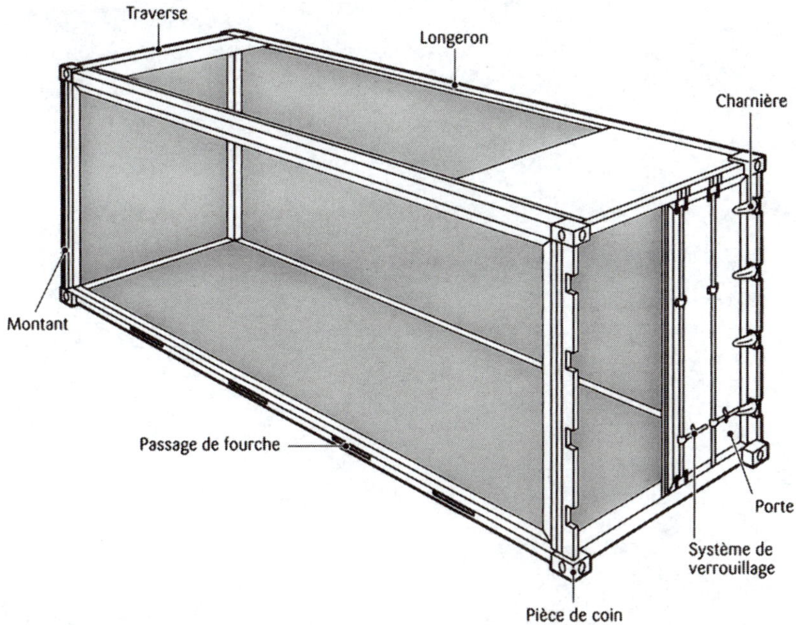

3 Expéditions FCL et LCL

A Définitions

FCL signifie « *Full Container Load* », c'est-à-dire « conteneur complet », **LCL** signifie « *Less than a Container Load* », c'est-à-dire « moins d'un conteneur complet ».

B Types d'expéditions

Dès lors, on appellera :

- **FCL/FCL** une expédition par conteneur complet de bout en bout ;
- **FCL/LCL** une expédition avec dégroupage au port d'arrivée (plusieurs destinataires) ;
- **LCL/FCL** une expédition avec groupage au port de départ (plusieurs expéditeurs pour un destinataire) ; et
- **LCL/LCL** les expéditions qui ne sont conteneurisées que pour le transport principal (empotage au port de départ, dépotage au port de destination) ; plusieurs expéditeurs et plusieurs destinataires.

10

La tarification en transport maritime

Du fait de l'ancienneté de ce mode de transport, les règles qui régissent le calcul du fret par les compagnies maritimes sont parmi les plus complexes. L'évolution récente va cependant dans le sens d'une simplification, surtout pour les expéditions en conteneur. La disparition des conférences maritimes a aussi changé les règles du jeu : même si les compagnies restent organisées le plus souvent en consortiums, ceux-ci ont une fonction commerciale et d'organisation des dessertes, mais n'édictent plus de règles de tarification communes.

1 Le fret de base

(A) En conventionnel

Lorsque la marchandise est présentée en sacs, caisses, fûts, etc., le fret de base est calculé, pour une destination donnée, en fonction de la classe de marchandises, et du nombre d'unités payantes (UP).

Celui-ci est fonction de la masse et du volume, avec « équivalence 1 m^3 = 1 tonne ». Cela signifie que le nombre d'UP sera le chiffre le plus élevé entre la masse (exprimée en tonnes) et le volume (exprimé en m^3).

Exemples

Une expédition de 3 m^3 et 6 tonnes paye 6 UP ; une expédition de 3 m^3 et 2 tonnes paye 3 UP.

Ce nombre d'UP est ensuite multiplié par le fret unitaire, exprimé en EUR ou en USD par UP.

Ainsi, pour la seconde expédition, si l'unité payante est à 80 USD pour cette destination, le fret de base sera de $80 \times 3 = 240$ USD.

Un minimum de perception est en général prévu, et des règles particulières concernent certaines marchandises (animaux vivants, automobiles, etc.).

(B) En conteneur complet (FCL)

Pour la majorité des destinations, la compagnie applique un tarif forfaitaire « à la boîte » (box rate) qui ne tient compte que du type de conteneur. Peu importent la nature et la quantité des marchandises chargées.
Sur certaines liaisons, et pour les conteneurs homogènes, c'est-à-dire ne contenant qu'un seul type de marchandises, des tarifs tenant compte de la classe et de la quantité de marchandises chargée sont encore pratiqués.
Les prestations supplémentaires fournies par la compagnie sont facturées en sus : location du conteneur (parfois) ; positionnement chez le chargeur ; surestaries en cas de retard à rendre le conteneur à la compagnie après dépotage à l'arrivée ; frais de manutention (voir plus loin).

(C) En conteneur de groupage (LCL)

S'il s'agit d'un groupage « compagnie », c'est-à-dire réalisé par l'armateur pour faciliter la manutention de marchandises présentées en conventionnel, c'est le tarif « en conventionnel » qui s'applique.
S'il s'agit d'un groupage réalisé par un transitaire-groupeur, son tarif ne prend en général en compte que la surface de plancher occupée, sauf masse excessive.

(D) En roulage (Ro-Ro)

Si la marchandise est destinée à être manutentionnée par roulage (véhicules, marchandises chargées sur des remorques, etc.), le tarif est le plus souvent fonction uniquement de l'encombrement du matériel chargé (au mètre linéaire de remorque par exemple).

2 Les ajustements

Ils sont calculés en appliquant au fret de base un pourcentage de minoration, ou plus souvent de majoration.

(A) Les surcharges permanentes

Elles compensent des difficultés particulières.

Exemples
Surcharges colis lourds ou encombrants pour les colis hors normes en conventionnel ; surcharges liées au port de destination (harbour dues), surcharges pour le transport d'animaux vivants, etc.

(B) Les ajustements conjoncturels

Ils tiennent compte, à la hausse mais parfois aussi à la baisse, des variations de coût subies par les compagnies entre deux éditions du tarif.

Surcharge combustible (*Bunker adjustment factor*, **BAF**, ou *Interim Fuel Participation*, **IFP**) prenant en compte les variations du prix du fuel nécessaire à la propulsion du navire.
Surcharge monétaire (*Currency adjustment factor*, **CAF**) qui répercute les variations de l'USD, devise dans laquelle sont payés la plupart des frais d'exploitation, par rapport à la monnaie dans laquelle est exprimé le tarif (EUR par exemple).
Surcharge d'encombrement portuaire, pour tenir compte des délais d'attente imposés avant de pouvoir décharger dans certains ports.

3 Les ristournes

A Les ristournes de fidélité

Elles sont consenties aux chargeurs par la plupart des compagnies ou consortiums. Elles sont en général de 8 à 9,5 % du fret si elles sont déductibles immédiatement, et un peu plus élevées si elles sont appliquées tous les 6 mois sur l'ensemble des frets de la période. Des taux de fret réduits sont appliqués aussi par certaines compagnies aux chargeurs ayant signé un contrat d'engagement avec l'armement.

B La négociation des frets

La disparition des conférences maritimes a simplifié la relation entre armateurs (ou consortiums) et chargeurs, ce qui permet aujourd'hui une négociation libre des tarifs, voire des procédures d'appel d'offres pour les gros expéditeurs. Le transport maritime rejoint ainsi le modèle standard de négociation libre des prix entre prestataire et donneur d'ordre.

4 Les frais de manutention

A La liberté des prix

Les conditions de facturation des opérations de manutention (chargement-déchargement) relèvent elles aussi aujourd'hui de la liberté tarifaire. Chaque compagnie peut choisir quelles opérations de manutention sont « à la charge du navire », c'est-à-dire incluses dans le fret annoncé par la compagnie et réalisées sous sa responsabilité, et quelles opérations sont facturées en plus, et à quel prix.

B Les « liner-terms »

Des conditions-type, appelées « liner-terms » sont cependant utilisées, surtout pour le transport en conventionnel.

Exemples

Un fret coté « de bord à bord » (*Free in and out*, ou FIO) n'inclut aucune des opérations de manutention. Celles-ci sont donc payées en sus par l'intéressé à la marchandise (le vendeur ou l'acheteur, selon l'incoterm du contrat de vente). À l'opposé, dans un fret coté « de quai à quai » toutes les opérations de manutention situées dans le périmètre du navire sont incluses.

Voir ci-dessous les conditions les plus fréquentes.

Ⓒ Les frais de manutention des conteneurs

Les compagnies facturent systématiquement, en plus du fret, des frais de manutention appelés CSC (*Container Service Charges*) ou THC (*Terminal Handling Charges*). Ces frais sont un élément essentiel de concurrence tant entre armateurs qu'entre ports, et peuvent donc varier de façon importante. Ils sont bien sûr négociables par le chargeur.

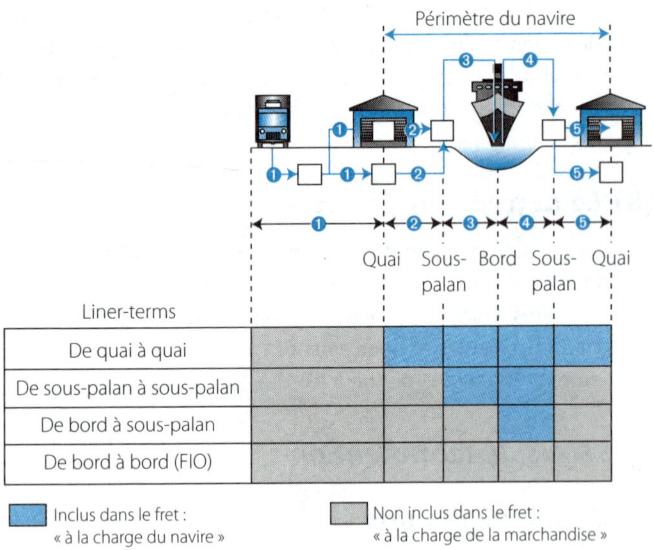

❶ Déchargement du moyen de transports terrestre, manutention, magasinage, passage en douane… Ces opérations, situées dans le périmètre du port, mais hors du périmètre du navire, ne sont jamais incluses dans le fret mais sont « à la charge de la marchandise ».

❷ Rapprochement, depuis le magasin du quai ou le quai, et mise sous palan (ou portique à conteneur)

❸ Mise à bord : élinguage, accrochage, hissage… jusqu'à l'arrimage pour la marchandise en conventionnel. De le préhension jusqu'au sasissage à bord pour les conteneurs.

❹ Déchargement : opérations inverses de celles de la mise à bord.

❺ Évacuation vers le quai ou le magasin de quai, et gardiennage jusqu'à la prise en charge par la consignataire de la marchandise.

11

Le connaissement maritime

Même si son importance décroît aujourd'hui, le connaissement maritime est le document de base du commerce international. Historiquement c'est autour de lui qu'ont été construites les incoterms classiques (FOB, CIF), mais aussi des techniques de paiement comme le crédit documentaire.

1 Fonctions

Le connaissement maritime est à la fois la preuve du contrat de transport et un titre représentatif de la marchandise. Le destinataire doit donc le présenter à l'arrivée pour prendre livraison de celle-ci.

2 Modalités d'émission

Par la compagnie maritime ou son agent, sur la base des indications du chargeur.
Dans les vingt-quatre heures du chargement, contre le « *mate's receipt* ».
En général en quatre exemplaires, dont trois originaux « commerciaux ».
Sous forme négociable (à ordre) le plus souvent.

3 Différents types de connaissement

(A) Formes d'émission

À personne dénommée *(straight consigned)* : les marchandises seront remises au destinataire désigné.
À ordre *(to order)* : c'est la forme la plus fréquente ; le connaissement est transmissible par endossement.
Au porteur ou **à ordre endossé en blanc** : le connaissement est transmissible par simple tradition, ce qui est dangereux.

(B) Réserves

Net de réserves *(clean)* : certifie la prise en charge des marchandises en bon état apparent.
Surchargé ou **clausé** *(dirty)* : comporte des réserves du transporteur sur la quantité ou l'état de la marchandise.

(C) Titre

« Connaissement maritime » *(bill of lading)* : la forme la plus classique pour un transport de port à port.
« Connaissement de transport combiné » *(combined transport B/L)* : émis par la compagnie de transport lorsqu'elle assume aussi la responsabilité d'un pré ou post-acheminement (en « *carrier haulage* »).
« Connaissement FIATA » *(FIATA B/L)* : émis par un transitaire, membre de la Fédération Internationale des Associations de Transitaires et Assimilés, agissant en tant que commissionnaire de transport en cas de transport multimodal.
Tous ces documents sont négociables.

(D) Avatars

Data Freight Receipt, Sea Way Bill, « Lettre de transport maritime », « Bordereau d'expédition », etc., sont de plus en plus souvent émis sur les lignes conteneurisées à la place du connaissement maritime classique, en particulier en cas d'expédition LCL. Ils ne sont pas négociables, ni réclamés à l'arrivée. Ils n'attestent en général pas non plus du chargement effectif. Enfin, comme les documents transmis sous forme numérique, on ne peut les utiliser en cas de paiement par crédit documentaire que s'ils ont été prévus dès l'ouverture.

a La page un *(Page one)* est le verso de ce document, sur lequel sont imprimées les conditions générales du transport.
b Toutes les cases comportant un astérisque sont remplies uniquement en cas d'utilisation comme document de transport combiné (CTBL).
1 C'est l'expéditeur des marchandises ou son mandataire.
2 N'est souvent pas le destinataire réel, mais un intermédiaire (banquier) qui endossera le connaissement contre les sécurités de paiement.
3 Personne qui est prévenue de l'arrivée du navire. Ici, c'est le destinataire réel puisqu'il ne figure pas case.
4 Le nombre d'originaux commerciaux doit obligatoirement figurer puisque le connaissement est un document négociable.
5 Ces mentions figurant sur le connaissement net de réserves engagent le transporteur vis-à-vis des porteurs de bonne foi. Elles ne l'engagent que sauf preuve contraire vis-à-vis du chargeur.
6 Le transporteur fait figurer ici la mention « embarqué » ou *on board*, ou au contraire la mention « reçu pour embarquement ». Dans ce dernier cas, le connaissement ne prouve pas le chargement effectif à la date d'émission. Le transporteur indiquerait aussi ici les éventuelles réserves.
7 La date d'émission peut être essentielle pour l'utilisation dans le cadre du crédit documentaire.
8 Le connaissement est obligatoirement signé par le transporteur ou son représentant et, dans la loi française mais pas dans la convention de Bruxelles, par le chargeur.

PAGE TWO (a)

Vge :	1183
B/L NY	95.48652

BILL OF LADING

ORIGINAL

CMA CGM

The French Line

CMA CGM Société Anonyme au Capital de 175 000 000 Euros
Head Office: 4 quai d'Arenc - 13002 Marseilles - France
Tel.: (33) 4 91 39 30 00 - Fax: (33) 4 91 39 30 95 - Telex: 401 667 F
B 562 024 422 R.C.S. Marseilles

SHIPPER

EXPORT Sarl
12, avenue Beauséjour
75008 Paris FRANCE
Tél. : +331 56 12 07 05 (1)

CONSIGNEE

To order of :
BANCO INDUSTRIAL
Av. Libertador. Edificio Mifero
CARACAS
Distrito Federal (2)

NOTIFY PARTY, CARRIER NOT TO BE RESPONSIBLE FOR FAILURE TO NOTIFY

MULTITRADE
Calle Antonio Rey 47 Edificio Esteban
CARACAS Distrito Federal
Venezuela (3)

PRE CARRIAGE BY*	PLACE OR RECEIPT*	FREIGHT TO BE PAID AT	NUMBER OF ORIGINAL BS/L
(b)			3 – Three (4)
OCEAN VESSEL	**PORT OF LOADING**	**PORT OF DISCHARGE**	**FINAL PLACE OF DELIVERY***
CMA-CGM RODIN	LE HAVRE	LA GUAIRA	

MARKS AND NOS CONTAINER AND SEALS	NO AND KIND OF PACKAGES	DESCRIPTION OF PACKAGES AND GOODS AS STATED BY SHIPPER SHIPPERS STOW LOAD ANS COUNT	GROSS WEIGHT CARGO	TARBE	MEASUREMENT
CRXU 572 291 Seal n°287214	1 x 20'	280 CTNS Mobilier métallique selon PF n° 03.1247 (5) (6) SHIPPED ON BOARD ABOVE PARTICULARS DECLARED BY SHIPPER. CARRIER NOT RESPONSIBLE	4 840 kg		

FCL-FCL

TOTAL NY of Containers/Packages received by the Carrier

1 – one

RECEIVED by the Carrier from the Shipper in apparent good order and condition (unless otherwise noted herein) the total number or quantity of containers or other packages or units indicated above, stated by the Shipper to comprise the cargo specified above, for transportation subject to all the terms hereof (including the terms on page one) from the place of receipt or the port of loading, whichever applicable, to the port of discharge or the place of delivery, whichever applicable.
Delivery of the goods will only be made on payment of all freight and charges. On presentation of this document (duly endorsed) to the Carrier, by or on behalf of the Holder, the rights and abilities arising in accordance with the terms hereof shall (without prejudice to any rule of common law or statute rendering them binding upon the Shipper, Holder and Carrier) become binding in all respects between the Carrier and Holder as though the contract contained herein or evidenced hereby had been made between them.
All claims and disputes arising under or in connection with this bill of lading shall be determined by the courts of Marseilles on the exclusion of the courts of any other country.
In witness whereof three (3) original bills of lading, unless otherwise stated above, have been issued, one of which being accomplished, the others to be void.

(OTHER TERMS AND CONDITIONS OF CONTRACT ON PAGE ONE)

Freight and Charges (indicate whether to be prepaid or collected)	Number of Original of Lading
FREIGHT PREPAID	

PLACE AND DATE OF ISSUE: LE HAVRE 15/04/ (7)

SIGNED FOR THE CARRIER

BY TRANSIMER Le Havre AS AGENT (8)

SIGNED FOR THE SHIPPER

*APPLICABLE ONLY WHEN THIS DOCUMENT IS USED AS A COMBINED TRANSPORT BILL OF LADING

12

Le transport aérien

L'aérien occupe encore une place marginale dans le transport international de marchandises – moins de 1 % des volumes –, mais sa croissance est très rapide, bien supérieure à celle des échanges en général. Il offre en effet des qualités de rapidité, mais aussi de sécurité, incomparables.

1 La tarification

Autrefois d'application obligatoire pour toutes les compagnies, le tarif IATA ne sert plus aujourd'hui que de simple référence. Compte tenu des déséquilibres dans les trafics (retours à vide par exemple entre l'Europe et l'Asie), des tarifs beaucoup plus favorables peuvent être obtenus sur de nombreuses destinations.

(A) Le tarif de base

Il est indépendant de la nature des marchandises. C'est un tarif par tranches de poids, rapidement dégressif, avec un minimum de taxation pour les toutes petites expéditions. Les compagnies appliquent la règle du « payant pour », qui consiste à calculer le fret, si c'est l'intérêt du chargeur, sur la masse minimale de la tranche immédiatement supérieure, en appliquant le prix du kilo correspondant.
Le volume est pris en compte si, exprimé en dm^3, il est plus de six fois supérieur à la masse en kilogrammes (soit une équivalence 1 t = 6 m^3 contre 1 t = 1 m^3 en maritime). Une expédition de 100 kg et 900 dm^3 paiera donc pour une masse théorique de 900/6 = 150 kg.

Exemple

Soit le tarif suivant, pour une destination donnée :

Poids	Prix	Explications
M	80 €	Un minimum de 80 € de fret sera perçu, même pour une expédition de 1 kg.
– de 45 kg	12 € par kilo	Une expédition de 5 kg paierait 12 € par kilo, mais le minimum de 80 € s'appliquera car (5 x 12) est inférieur à 80.
+ de 45 kg	9 € par kilo	Une expédition de 60 kg paiera (60 x 9) = 540 €.
+ de 100 kg	6 € par kilo	Une expédition de 90 kg paiera 600 € car (100 x 6) < (90 x 9) : c'est la règle du « payant pour ».
+ de 500 kg	4 € par kilo	

(B) Les tarifs spéciaux

• Les « Corates » (Specific Commodity Rates)

Ces tarifs très favorables par rapport au tarif général sont appliqués, sur certaines relations, à des types de marchandises déterminés pour les expéditions d'un volume unitaire suffisamment important. Construits autrefois pour attirer vers l'aérien des trafics particuliers de marchandises, ils ont vu leur nombre se réduire considérablement au cours des dernières années.

Exemple

Corates permettant d'acheminer à un prix raisonnable certaines productions maraîchères ou fruitières du Sahel.

• Les tarifs de classification ou class-rates

Ils sont particuliers à un type de marchandises, mais applicables à l'ensemble (ou une grande partie) des relations aéroport-aéroport d'une zone IATA donnée.

Exemples

Par rapport au tarif général, réductions pour la presse, les bagages non accompagnés ; majoration pour les animaux vivants, les bijoux, etc.

• Le tarif ULD (Unit Load Device ou Unité de charge).

Il est appliqué aux chargeurs (généralement des groupeurs) qui remettent à la compagnie des palettes-avion complètes. Pour chaque destination, le tarif prévoit un prix forfaitaire, correspondant à une masse donnée (le poids-pivot), qui dépend de la nature de l'ULD. Les kilos supplémentaires éventuels sont taxés en sus.

Exemple

Pour une expédition de Roissy CDG à New York JFK, le tarif pour une palette e 88" × 125" s'établit ainsi : poids pivot 1 980 kg. Minimum de taxation 2 300 EUR. Par kg au-dessus du pivot : 1,50 EUR.
Pour une expédition de 2 100 kg, on paiera 2 300 EUR + [(2100 – 1980) × 1,50] = 2 480 EUR.

• Les frais annexes

Toutes les opérations accessoires au transport (émission de la LTA, manutentions et entreposage, expédition en valeur déclarée, contre-remboursement, assurance) sont facturées en sus, ainsi que les frais liés à la sécurisation des envois (voir Cours 7 *La sécurisation du fret*).

2 La lettre de transport aérien ou LTA

Émission

Par l'agent de fret aérien, sur instruction du chargeur.

Sur formulaire de la compagnie pour les expéditions exclusives.

Sur formulaire interne (dit « House Airway Bill » ou HAWB) pour les envois en groupage, ce qui est fréquent. Mais le groupeur reçoit de la compagnie une « Master AWB » contre remise de l'expédition complète (voir Cours 5 *Les parties au contrat de transport*).

En trois originaux, et six à onze copies.

Signature

Par la compagnie aérienne (pour les expéditions exclusives), après embarquement. Ce n'est qu'avec cette signature et la mention du numéro de vol que la LTA atteste de l'expédition effective.

Forme

Toujours sous forme non négociable.

Transport

Une LTA couvre fréquemment des transports successifs assurés par des compagnies différentes. Leur responsabilité est alors solidaire.

Une partie du transport couvert par la LTA peut s'effectuer par la route. C'est néanmoins la convention de Varsovie qui s'applique.

Exemple

Pour une expédition de Lyon à New York, les palettes voyagent généralement par camion entre Lyon-Saint-Exupéry et Roissy-CDG. Ce transport est cependant considéré comme transport aérien international si la LTA couvre Lyon-New York.

Les cases de la LTA

❶ L'expéditeur peut être un groupeur, en cas de LTA de groupage (*Master Air WayBill*).

❷ Ne peut être à ordre, car la LTA n'est pas négociable. Le destinataire désigné pourrait cependant être un intermédiaire.

❸ L'agent doit être agréé auprès de l'IATA.

❹ Cette monnaie sera celle utilisée sur toute la LTA pour les calculs de prix.

❺ Selon l'incoterm du contrat de vente et la facture, permet de signaler quels frais seront réglés au départ, et quels frais seront payés par le destinataire.

❻ À remplir en cas d'expédition en valeur déclarée. NVD : *no value declared*.

❼ Valeur d'assurance, fixée par l'expéditeur lorsqu'il demande une assurance sur la police tiers-chargeur de la compagnie.

❽ On peut faire figurer dans cette case tous les renseignements utiles, et par exemple les documents d'accompagnement, la personne à prévenir de l'arrivée des marchandises en plus du destinataire (*Notify*).

❾ Après application éventuelle de la règle du payant pour et du «1 pour 6».

❿ Une colonne pour les frais payés, une autre pour les frais dus, selon les indications des cases .

⓫ Prime d'assurance, payée à la compagnie.

⓬ Frais d'émission de la LTA, payés à l'agent.

Nom et adresse de l'expéditeur Shipper's Name and Address

EXPORT Sarl
12, avenue Beauséjour
75008 Paris
Tél. : 01 56 12 07 05 ❶

Numéro de compte de l'expéditeur Shipper's Account Number

LETTRE DE TRANSPORT AÉRIEN
Non négociable
Emise par
Not negotiable
AIR WAYBILL
Issued by

AIR FRANCE

Les exemplaires 1, 2 et 3 de cette lettre de transport aérien sont originaux et ont la même validité
Copies 1, 2 and 3 of this Air Waybill are originals and have the same validity.

Nom et adresse du destinataire Consignee's Name and Address

MAYER LTD
Waterloo gate 25
LAFAYETTE LOUISIANA USA
377/836·6496 ❷

Numéro de compte du destinataire Consignee's Account Number

Nom et ville de l'agent du transporteur émetteur Issuing Carrier's Agent, Name and City

SODETAIR
❸ BP 07
94390 ORLY AEROGARE
TELEX 261165 F

BP 10.502/CDG CEDEX
95709 ROISSY
TELEX 230982 F

Renseignements comptables Accounting Information

Code IATA de l'Agent Agent's IATA Code: 20 04735

Numéro de compte Account Number

Aéroport de départ (Adresse du premier transporteur) et itinéraire demandé Airport of Departure (Address of First Carrier) and Requested Routing

PARIS C.D.G / NEW-YORK

à to	Par premier transport By First Carrier / Routage et Dest. Rout. and Dest.	à to	par by	à to	par by
NYC	AF	LTF	YY		

Monnaie Currency ❹	Frais CHGS Code	Poids/Val WT/VAL Payé PPD	Poids/Val WT/VAL Dû COLL	Autres Other Payé PPD	Autres Other Dû COLL	Valeur déclarée pour le transport Declared Value for Carriage ❺	Valeur déclarée pour la douane Declared Value for Customs ❻
USD		X		X		NVD	85 000

Aéroport de destination Airport of Destination: LAFAYETTE LA USA

Vol/Flight/Date — **Réservé au transporteur** For Carrier Use only — **Vol/Flight/Date**

Montant de l'assurance Amount of Insurance: 85 000 ❼

ASSURANCE : Si le transporteur propose une assurance et que l'expéditeur en fait la demande conformément aux présentes conditions indiquer le montant à assurer en chiffre dans la case "Montant de l'assurance".
INSURANCE : If carrier offers insurance, and such insurance is requested in accordance with the conditions thereof, indicate amount to be insured in figures in box marked "Amound of insurance".

Renseignements pour le traitement de l'expédition Handling information

Notify : EXPORT - USA LTD Fifth Ave 1385 NEW YORK CITY NY USA
❽ 3 COMLI 1 OC

SCI

Nombre de colis Number of Pieces RCP	Poids brut Gross Weight	kg lb	Classe de tarif Rate Class / N° d'article de la marchandise Commodity Item N°	Poids de taxation Chargeable Weight	Tarif/Montant Rate/Charge	Total Total	Nature et quantité des marchandises (y compris dimensions ou volume) Nature and Quantity of Goods (incl. Dimensions or Volume)
4	175	K		175 ❾	16,00	2 800,00	Ctns Matériel médical origine France

Port payé Prepaid	Port dû Collect
Taxation au poids Weight Charge	
2 800,00 ❿	❿
Taxation à la valeur Valuation Charge	
Taxe Tax	
Total des autres frais dûs à l'agent Total Other Charges Due Agent	
32,40	
Total des autres frais dûs au transporteur Total Other Charges Due Carrier	
170,00	
Total port payé Total Prepaid	**Total port dû** Total Collect
3 002,40	
Taux conversion monnaie Currency Conversion Rates	**Port dû en monnaie du pays de destination** Collect Charges in Destination Currency
Réservé au transporteur à destination For Carrier's Use only at Destination	**Frais à l'arrivée** Charges at Destination

Total dû Total Collect Charges

Autres frais Other charges

INC 8 = 170,00 ⓫
AWA = 32,40 ⓬

L'expéditeur certifie que les indications portées sur le présent document sont exactes et que, **dans la mesure ou une partie quelconque de l'expédition contient des marchandises dangereuses, cette partie d'expédition est correctement dénommée et bien préparée pour le transport par air conformément à la réglementation applicable.**
Shipper certifies that the particulars on the face hereof are correct and that **insofar as any part of the consignment contains dangerous goods, such part is properly described by name and is in proper condition for carriage by air according to the applicable Dangerous Goods Regulations.**

Export Sarl P. PON
Signature de l'expéditeur ou de son agent Signature of Shipper or his agent

24.04 ROISSY CDG
Fait le Executed on **(Date)** (Date) **à** at **(Lieu)** (Place) **Signature du transporteur émetteur ou de son agent** Signature of Issuing Carrier or his Agent

057-19◯005

COPIE 12 (COPIE SUPPLÉMENTAIRE POUR LE TRANSPORTEUR) *COPY 12 (EXTRA COPY FOR CARRIER)*

13

Les autres modes de transport

Le transport routier reste, pour un pays comme la France, le mode le plus utilisé pour son commerce extérieur. Cela tient à la proximité de nos partenaires commerciaux, essentiellement européens, mais aussi aux qualités de souplesse incomparable de ce mode de transport. Le transport ferroviaire, en revanche, recule presque partout.

1 *La tarification*

(A) *Le transport routier*

La convention CMR (Convention sur le transport de Marchandises par Route – Genève) ne prévoit pas de tarif, et la « tarification routière de référence » (indicative) ne s'applique qu'aux transports intérieurs. Les frets sont donc librement négociés à l'international.
Pour les envois complets, les prix dépendent du type de véhicule, de la distance, mais aussi de la plus ou moins grande facilité à trouver du fret de retour.

Exemple

Les transports d'un point intérieur vers un grand port maritime sont en général beaucoup moins chers que dans l'autre sens.

Pour la messagerie et le groupage, des tarifs sont parfois publiés par les intermédiaires. Ils sont généralement établis par zone de destination, pour des expéditions de porte-à-porte. Ils sont fonction de la masse et du volume des marchandises chargées, avec en général une équivalence : 1 m^3 = 330 kg (parfois 250 kg).
Toutes les opérations accessoires sont facturées en sus. Ces tarifs sont, bien sûr, négociables.

(B) *Le transport ferroviaire*

La SNCF ayant abandonné son activité de messagerie, elle ne prend plus en charge que les envois en wagon complet et en train complet.
La tarification consiste parfois en l'addition des perceptions propres à chaque réseau (pratique dite des « tarifications nationales soudées »). De plus en plus souvent cependant, elle repose sur les tarifs bilatéraux établis par accord entre la SNCF et ses principaux partenaires étrangers.

Le tarif est fonction de la catégorie de wagon, de la classe de marchandise, de la masse de l'envoi et de la distance totale de gare à gare. L'évolution récente se fait dans le sens d'une simplification des tarifs, afin de favoriser leur lisibilité pour les opérateurs.

Il existe quelques tarifs multilatéraux pour des types particuliers de marchandises (produits sidérurgiques par exemple). Tous les tarifs ferroviaires sont négociables.

Le chemin de fer n'assurant plus d'activité de commissionnaire en douane, les expéditions hors Union européenne n'incluent plus ces prestations.

C Le transport fluvial

Depuis la suppression en 2000 des bourses de fret et du tour de rôle, la fixation des prix est libre en transport fluvial, tant pour les contrats d'affrètement au voyage que pour les autres contrats.

D Le colis postal

Comme dans tous les tarifs postaux, la taxation des envois dépend :

- de la catégorie de colis (Coliposte, Colissimo Expert International, Chronopost, etc.) ;
- de la masse de chaque colis (barème par tranche jusqu'à 30 kg) ;
- du pays de destination (il existe quatre zones).

Les honoraires de dédouanement sont inclus. Ces tarifs ne sont pas négociables.

2 La lettre de voiture CMR

Émission

Par l'expéditeur en principe. Sous sa responsabilité en tout cas.

En trois originaux, plus un nombre variable de copies.

Rôle

Preuve du contrat de transport.

Seul document à faire foi des instructions données au transporteur. Il est donc indispensable qu'elle accompagne chaque envoi et soit présente (exemplaires 2 et 3) dans l'engin de transport.

Document non négociable, qui ne représente pas la marchandise et ne sera pas réclamé au destinataire.

Signature

Par l'expéditeur en principe (c'est souhaitable).

Par le transporteur : vaut preuve de la prise en charge des marchandises en bon état apparent (sauf s'il y porte des réserves).

Les cases de la lettre de voiture CMR
Les numéros de cases sont ceux du nouveau formulaire type proposé par l'IRU depuis octobre 2007.

Cases 1 et 3. La case 1 indique les coordonnées de l'expéditeur de la marchandise, qui est en général le chargeur, et la case 3 le lieu de prise en charge, souvent différent de l'adresse principale du chargeur.

Cases 2 et 4. La case 2 désigne celui à qui la marchandise sera remise à l'arrivée, la lettre de voiture n'étant pas négociable. La case 4 permet de fixer une adresse de livraison différente du siège social du destinataire. Sauf mention contraire sur la lettre de voiture (droit de disposition conféré à l'acheteur), le destinataire ne peut demander la mise à disposition en un autre lieu (à ses frais) qu'après la livraison au lieu prévu.

Case 3. C'est de la date figurant dans cette case que court le délai de livraison, et le délai de 30 jours au-delà duquel la marchandise est réputée perdue.

Case 5. Mentionner éventuellement ici un itinéraire, et l'incoterm.

Case 8. Les réserves du transporteur sur l'état de la marchandise ou de l'emballage doivent être explicitement acceptées par l'expéditeur. Elles ne pourront éventuellement exonérer le transporteur de sa responsabilité en cas de dommage que s'il prouve le lien avec l'avarie subie.

Case 9. Les documents mentionnés ici, principalement ceux nécessaires au dédouanement, sont placés sous la responsabilité du transporteur, qui est aussi responsable de leur utilisation correcte, mais n'a pas à les vérifier.

Cases 10 à 15. Le transporteur est tenu de vérifier ces mentions. En l'absence de réserves, il est réputé avoir pris en charge les marchandises décrites en bon état apparent. Noter en bas de cases les nouvelles mentions concernant la réglementation sur les marchandises dangereuses.

Case 16. Cette case peut être utilisée pour convenir d'un délai de transport (la convention CMR n'en prévoit pas). Elle peut aussi être utilisée pour faire une déclaration de valeur ou une déclaration d'intérêt spécial à la livraison, afin de dépasser, le cas échéant, les limites d'indemnité prévues dans la CMR.

3 La lettre de voiture CIM

Émission

Il est émis une lettre par wagon (la SNCF ne prend plus en charge la messagerie).

Remplie en partie par l'expéditeur, en partie par le chemin de fer.

Rôle

Preuve du contrat de transport (des instructions données au chemin de fer).

Preuve de la prise en charge par le transporteur de marchandises en bon état apparent (les contrôles réalisés dépendent du type d'expédition), à la date figurant sur le timbre à date de la gare expéditrice.
Document non négociable et non réclamé à l'arrivée.

Exemplaires

L'original est conservé par le chemin de fer.
Le « duplicata » est remis à l'expéditeur.

Les cases de la lettre de voiture CIM

Les numéros de case sont ceux du nouveau formulaire (« Lettre de voiture CIM/SMGS ») destiné à faciliter les relations ferroviaires avec les pays de l'Europe orientale non-membres de l'UE (Belarus, Russie, etc.).

Nota : toutes les cases hors ligne grasse sont remplies par le chemin de fer.

Cases 1 et 4. Il ne peut être indiqué qu'un seul expéditeur et destinataire (mais une adresse de livraison différente de l'adresse principale du destinataire peut-être indiquée en case 10, et une adresse de prise en charge différente de celle de l'expéditeur en case 16. Le plus souvent, prise en charge et livraison ont lieu en gare).

Case 4. La lettre de voiture n'est pas négociable et ne « représente » pas la marchandise. Celle-ci sera remise au destinataire désigné sur simple justification d'identité, sauf dans le cas de contre-remboursement.

Case 7. Cette case peut être utilisée pour demander l'apposition du timbre de pesage.

Case 8. Les documents listés sont placés sous la responsabilité du chemin de fer. Une facture accompagnant la marchandise est obligatoire par exemple pour les douanes russes.

Case 13. Possibilité de demander un itinéraire précis, passant par un point-frontière donné par exemple.

Case 20. Partage des frais. Cette case prévoit enfin l'utilisation des incoterms CCI.

Case 22 et 23. À servir pour les transports exceptionnels et les marchandises dangereuses.

Cases 26 et 27. Pour indiquer une déclaration de valeur ou « d'intérêt à la livraison », ce qui a pour effet d'augmenter la responsabilité du chemin de fer.

Case 28. Pour charger le chemin de fer d'encaisser auprès du destinataire des frais engagés par le vendeur, ou le prix des marchandises. Entraîne la perception d'une taxe supplémentaire.

LETTRE DE VOITURE INTERNATIONALE **CMR** INTERNATIONAL CONSIGNMENT NOTE

Pays/Country

No ....

1 Expéditeur (nom, adresse, pays) / Sender (name, address, country)
EXPORT Sarl
12 avenue de Beauséjour
75008 PARIS
01 56 12 07 05

6 Transporteur (nom, adresse, pays, autres références) / Carrier (name, address, country, other references)
Transport Mercier
13 rue de Calais
75320 PARIS Cedex 09

2 Destinataire (nom, adresse, pays) / Consignee (name, address, country)
John Hurt & Co
35 Hamilton Avenue
HARBORNE SOUTHAMPTON
5046 NP

7 Transporteurs successifs / Successive carriers
Nom / Name
Adresse / Address
Pays / Country
Reçu et acceptation / Receipt and Acceptance — Date — Signature

3 Prise en charge de la marchandise / Taking over the goods:
Lieu / Place: 7508 PARIS
Pays / Country: France
Date: 19/01/0x
Heure d'arrivée / Time of arrival: 07:12 — Heure de départ / Time of departure: 08:24

8 Réserves et observations du transporteur lors de la prise en charge de la marchandise / Carrier's reservations and observations on taking over the goods
/

4 Livraison de la marchandise / Delivery of the goods:
Lieu / Place
Pays / Country
Heures d'ouverture du dépôt / Warehouse opening hours

5 Instructions de l'expéditeur / Sender's instructions
CFR Harborne Southampton

9 Documents remis au transporteur par l'expéditeur / Documents handed to the carrier by the sender

10 Marques et numéros / Marks and Nos	11 Nombre de colis / Number of packages	12 Mode d'emballage / Method of packing	13 Nature de la marchandise / Nature of the goods	14 Poids brut, kg / Gross weight in kg	15 Cubage m3 / Volume in m3
JH 1-16	16 parcels	Matériel de bureau as per PF invoice dd. 03/12		480	1.240
Numéro ONU / UN Number	Nom voir 13 / Name see 13	Numéro d'étiquette / Label Number	Groupe d'emballage / Packing Group (ADR*) (ADR*)		

16 Conventions particulières entre l'expéditeur et le transporteur / Special agreements between the sender and the carrier

17 A payer par / To be paid by:	Expéditeur / Sender	Destinataire / Consignee
Prix de transport / Carriage charges		
Frais accessoires / Supplementary charges		
Droits de douane / Customs duties		
Autres frais / Other charges		

18 Autres indications utiles / Other useful particulars

19 Remboursement / Cash on delivery

20 **Ce transport est soumis, nonobstant toute clause contraire, à la Convention relative au contrat de transport international de marchandises par route (CMR)**
This carriage is subject, notwithstanding any clause to the contrary, to the Convention on the Contract for the International Carriage of Goods by Road (CMR)

21 Etablie à / Established in: Paris — le / on: 19 janvier 20XX

24 Marchandises reçues / Goods received
Heure d'arrivée / Time of arrival — Heure de départ / Time of departure
Lieu / Place — le / on — 20.. 20..
Signature et timbre du destinataire / Signature and stamp of the consignee

22 De Marteins
Signature ou timbre de l'expéditeur / Signature or stamp of the sender

23 Martin
Signature ou timbre du transporteur / Signature or stamp of the carrier

Partie non contractuelle réservée au transporteur / Non-contractual part reserved for the carrier

No ....

Modèle IRU 2007

Les parties encadrées de lignes grasses doivent être remplies par le transporteur / The space framed with bold lines must be filled in by the carrier

A remplir sous la responsabilité de l'expéditeur / To be completed on the sender's responsability: 1 - 5, 9 - 16, 18 + 22

(ADR*) - En cas de marchandises dangereuses indiquer, à la dernière ligne du cadre: Numéro ONU, Marchandises des classes 1 et 7: voir demande spéciale dans ADR, Partie 5, Numéro d'étiquette et Groupe d'emballage.
- In case of dangerous goods mention on the last line of the column: UN number; Goods from class 1 and 7: see special documentation demands in ADR, Part 5. The label number and Packing Group.

1 – 50 A remplir par l'expéditeur – Vom Absender auszufüllen

[X] Désigner par une croix ce qui convient – Zutreffendes ankreuzen (Cases – Felder 20, 22, 23, 30, 52, 58)

30 Lettre de voiture CIM – Frachtbrief CIM [X]

Lettre wagon CUV – Wagenbrief CUV [ ]

1 Expéditeur (nom, adresse) – Absender (Name, Anschrift)	EXPORT Sarl 12 Avenue Beauséjour 75008 PARIS Signature – Unterschrift : *Martin* N° TVA – MWSt.-Nr. : FR 01234567891
2	123456
7 Déclarations de l'expéditeur – Erklärungen des Absenders	
8 Référence expéditeur – Absender Referenz	654321
4 Destinataire (nom, adresse, pays) – Empfänger (Name, Anschrift, Land)	BAYER GmbH Marktstrasse 210 D80010 MUENCHEN Allemagne N° TVA – MWSt.-Nr. : DE 12356987
5	121314
9 Annexes – Beilagen	facture n° 123456
10 Lieu de livraison – Ablieferungsort	Gare – Bahnhof : MUENCHEN HBF Pays – Land : ALLEMAGNE
12	8 7 5 45 0 04
16 Prise en charge – Übernahme (mois – jour – heure / Monat – Tag – Stunde)	01 16 14 Lieu – Ort : PARIS BERCY
13 Conditions commerciales – Kommerzielle Bedingungen	Via Sarrebrück
14	1 – 808701.7
18 Wagon N° – Wagen Nr.	3180 3936 123-9
15 Informations pour le destinataire – Vermerke für den Empfänger	Auftrag # 32 45 789
20 Paiement des frais – Zahlung der Kosten	[ ] Franco de port – Franko Fracht [X] Incoterms : CPT MUENCHEN
21 Désignation de la marchandise – Bezeichnung des Gutes	1 générateur 250 KVA sur berceau
22 Transport exceptionnel – Aussergewöhnliche Sendung (oui – ja)	[ ]
23 RID (oui – ja)	[ ]
24 NHM Code	
25 Masse	16 000 kg
26 Déclaration de valeur – Wert des Gutes (Monnaie)	EUR 645 000
27 Intérêt à la livraison – Interesse an der Lieferung	
28 Remboursement – Nachnahme	
29 Indications douanières – Zollamtliche Vermerke	
56 Vérification – Überprüfung	
49 Code d'affranchissement – Frankaturcode	
50 Itinéraire – Leitungsweg	
51 Opérations douanières – Zollbehandlung	
52 Bulletin d'affranchissement – Frankaturrechnung	
53 Avis d'encaissement N° – Nachnahmebegleitschein Nr.	
54 Procès-verbal N° – Tatbestandsaufnahme Nr.	
55 Prolongation du délai de livraison – Lieferfristverlängerung	
56 Déclarations du transporteur – Erklärungen des Beförderers	
57 Autres transporteurs – Andere Beförderer	
58 a) Transporteur contractuel – Vertraglicher Beförderer	Signature – Unterschrift
58 b) Procédure simplifiée de transit ferroviaire – Vereinfachtes Eisenbahnversandverfahren (oui – ja)	[ ] Code principal obligé – Code Hauptverpflichteter
59 Date d'arrivée – Ankunftsdatum	Arrivage N° – Empfangs-Nr.
60 Mise à disposition – Bereitgestellt	
61 Quittance du destinataire – Empfangsbescheinigung	Date, signature – Datum, Unterschrift
62 Identification de l'envoi – Sendungs-Identifikation	
29 Lieu et date d'établissement – Ort und Datum der Ausstellung	

Original 1

3.1 *Vérifiez vos connaissances*

Travail à faire

Exercice 1

L'entreprise Gradel, qui vient de vous embaucher, a développé une importante activité à l'international. Le responsable de service fret teste vos compétences techniques. Il vous demande de lui indiquer :

1. Quels documents de transport utilisez-vous selon que l'acheminement se déroule par mer, air, route ou fer ?

Connaissement	CTBL	Lettre de voiture CIM
Lettre de voiture CMR	Lettre de transport maritime	LTA
House Airway Bill	Connaissement FIATA	

2. Comment vérifiez-vous que la marchandise a été prise en charge par le transporteur ?

3. Comment calculez-vous le fret pour un envoi de marchandises de 2 500 kg et 12 m^3 par air, mer, route ou fer ?

Exercice 2

L'entreprise Leval a conclu un contrat CPT Mombassa pour 50 climatiseurs. Les appareils sont emballés en caisses-bois de dimensions 0,8 × 1 × 0,5 m et d'un poids brut total de 80 kg chacune.

1. Vous disposez des informations suivantes obtenues auprès de votre transitaire habituel afin d'évaluer le coût engendré par cette expédition au Kenya. Vous considérez un cours de 1 EUR = 1,45 USD.

Données communiquées par le transitaire

Climatiseurs – classe 4	240 USD l'UP
Minimum de perception sur Mombassa	2 500 USD
BAF	6 % sur le fret de base
CAF	– 2,5 % sur le fret corrigé
Remise	5 % sur le fret total (hors frais annexes)
Location du conteneur	400 EUR
Émission du connaissement	15 EUR
Manutention au port de Le Havre	170 EUR

Le conteneur ne peut contenir plus de 32,80 m^3 et 17 990 kg.

2. Est-il judicieux que le client prenne en charge l'assurance des marchandises ?

3.2 Mettez en application

Travail à faire

Exercice 1

Vous devez procéder à trois expéditions par voie aérienne sur Istanbul.

Expédition 1 : 120 kg de marchandises qui occupent un volume de 1,20 m^3

Expédition 2 : 10 kg de marchandises pour un volume de 48 dm^3

Expédition 3 : 250 kg de marchandises d'un volume de 1,32 m^3

1. Évaluez le fret pour chaque expédition sur la base du tarif général suivant :

M	70 EUR
– 45	5,80 EUR
+ 45	4,25 EUR
100	3,36 EUR
300	2,63 EUR

2. À partir de quel poids taxable s'applique la règle du payant-pour pour la tranche tarifaire « + de 100 kg ».

Exercice 2

Vous expédiez par voie aérienne à Montréal, 1 400 composants. Ils sont emballés chacun dans des cartons de dimensions : 50 × 20 × 10 cm. Le poids brut d'un carton est de 2 kg. Air France Cargo vous communique son tarif ULD :

Poids pivot	1 900 kg
Poids maximal	3 tonnes
Volume utile	15 m^3
Prix forfaitaire de la palette	3 200 EUR
Prix du kg over-pivot	1,50 EUR

Déterminez le montant du fret à payer.

Exercice 3

La société Démir achète des matelas en caoutchouc gonflables au prix unitaire de 10 EUR EXW Bursa (Turquie). La commande porte sur 1 000 unités pour un poids brut total de 450 kg et un volume de 1,20 m^3. Elle a contacté un transporteur routier qui lui a communiqué le tarif suivant :

Tarif au kg en EUR – Liaison Bursa - Lille

0-100 kg	100-500 kg	500-1 000 kg	> 1 000 kg
2,12	1,21	0,95	0,87

Ces prix comprennent l'enlèvement à Bursa, le fret Bursa-Lille sur la base de 330 kg au m^3. Vous calculez le fret total, par matelas et vous exprimez ce fret en % de la valeur EXW Bursa.

3.3 Passez le BTS ●●●

Travail à faire

Exercice 1

L'entreprise Germynck, implantée dans la région dunkerquoise, fabrique des échantillonneurs et des pompes à liquides chargés ou non. Elle a reçu une demande d'offre CIP La Guaira, d'un industriel vénézuélien pour une pompe de forte puissance.

Le bureau d'études a défini le modèle adapté aux exigences du client potentiel et le service comptable a estimé le coût de revient export à 150 000 EUR sur lequel est prélevée une marge de 20 %. Vous avez contacté la société Frépont, membre du SEILA (Syndicat de l'emballage industriel et de la logistique associée) pour qu'elle conçoive un emballage adéquat (annexe 1) et le transitaire Citer afin d'obtenir les informations relatives à l'acheminement de ce matériel (annexe 2).

1. Déterminez le prix d'offre que vous proposez à ce client sur la base de 1 EUR = 1,45 USD.
2. Quelle sécurité apporte à l'entreprise Germynck le recours à un membre du SEILA pour l'emballage de ses produits ? Existe-t-il une autre solution ?

Annexe 1 : Extraits du fax de la société Frépont

Emballage pour pompe d'un poids à nu de 3,6 tonnes, transportée par voie maritime jusqu'au Venezuela :

Caisse en bois avec renforts latéraux et systèmes de calage

Dimensions : 1,80 × 1 × 2 m et poids de 1 250 kg

Prix : 730 EUR

Acheminement de l'emballage de Bailleul à Dunkerque : 155 EUR

Annexe 2 : Extraits du fax du transitaire Citer

Proposition pour transport Dunkerque – La Guaira (Venezuela) d'une pompe emballée en caisse export bois :

Camionnage de Dunkerque à Anvers et frais à Anvers	300 EUR
Fret maritime	230 USD/UP
Correctif (BAF, CAF, Taxe de sécurité)	8 USD/UP
Assurance	0,8 % de CIP + 10 %

Exercice 2

Une entreprise utilise des cartons d'expédition de dimensions : 40 (L) × 30 (l) × 30 (h) cm. Ces cartons peuvent être superposés jusqu'à une hauteur de 1,50 m mais doivent rester à plat. Ils sont palettisés (les palettes ne sont pas gerbables) et envoyés le plus souvent en conteneurs 20'.

Jusqu'à présent, l'entreprise recourt à des palettes 1 000 × 1 200 mm mais envisage de leur substituer des euro-palettes 800 × 1 200 mm.

Quelle sera l'incidence de cette substitution sur le chargement d'un 20' de dimensions 5 88 × 2 34 × 225 cm.

Exercice 3

L'entreprise Trémail importe, de Corée du Sud, des composants et des pièces détachées pour équipements industriels. Chaque commande d'une valeur moyenne de 800 000 USD FOB Séoul est payable par crédit documentaire irrévocable à vue. Elle est expédiée en conteneur 20' par voie maritime. Ce mode d'acheminement a été retenu pour des raisons de coût mais sa durée affecte la réactivité de l'entreprise. Un responsable commercial a soumis ce problème au transitaire Overseas qui lui a communiqué les tarifs aériens applicables et lui a suggéré un transport combiné Mer-Air : maritime de la Corée du Sud à Seattle puis aérien de Seattle à Roissy. Inquiet de la complexité apparente de cette dernière solution, il a été rassuré par le transitaire qui lui a affirmé tout prendre en charge.

1. Comparez le coût réel total des différentes solutions transport possibles pour cette entreprise à l'aide des informations communiquées en annexe et sur la base d'un cours de 1 EUR = 1,45 USD. Vous incluez le coût financier au taux 6 % et arrondissez les calculs à l'EUR le plus proche.
2. Qu'en concluez-vous ?
3. Pour le transport combiné Mer-Air, le transitaire Overseas agit-il en mandataire ou en commissionnaire ?

Annexe : Informations communiquées par le transitaire

Prise en charge d'un conteneur 20' à Séoul et acheminement jusqu'aux entrepôts de l'entreprise Trémail

Acheminement	Maritime	Aérien	Mer/Air
Fret principal	2 100 USD	19 400 USD	8 400 USD
Frais annexes (post-acheminement, assurance...)	1 000 EUR	820 EUR	820 EUR
Durée du transport principal	32 jours	4 jours	12 jours
Durée des post-acheminements	3 jours	2 jours	2 jours

Exercice 4

La société Lepernois est une ancienne maison de champagne qui, face aux soubresauts du marché, a choisi de renforcer sa politique de qualité et d'élargir ses débouchés à l'étranger. Pour l'exportation, les bouteilles d'un poids unitaire de 1,60 kg sont emballées dans un carton de poids unitaire de 2 kg et de dimensions 0,30 × 0,30 × 0,30 m. Les cartons, contenant 12 bouteilles, sont mis sur une palette de dimensions 1 000 × 1 200 mm (hauteur 150 mm) et d'un poids de 10 kg. Les palettes ne peuvent supporter que 600 bouteilles car au-delà de cette charge, les transpalettes ne disposent pas d'une puissance suffisante pour les manipuler. En revanche, elles sont gerbables jusqu'à une hauteur de conteneur.

Afin de préparer le tarif export, le responsable commercial vous demande de déterminer le nombre de bouteilles qu'un conteneur 20' peut contenir. Il vous précise les caractéristiques du conteneur :

Dimensions intérieures utiles d'un conteneur 20 pieds	Longueur : 5,95 m/largeur : 2,36 m/hauteur : 2,25 m
Charge utile d'un conteneur 20 pieds	18 300 kg

Exercice 5

Sud Marine Entreprises a mis au point le Sicomod (simulateur de conduite de moteur diesel). Cet outil pédagogique permet à un instructeur et à des stagiaires de simuler les anomalies pouvant intervenir sur différents types de moteurs diesels.

La promotion du produit s'effectue par des salons où l'entreprise peut prouver sa supériorité. Les premières ventes ont été conclues en Afrique et les transports ont toujours été réalisés par la voie maritime dans un emballage récupérable, constitué de caisses en bois afin de protéger le Sicomod, des agressions dues à ce mode de transport.

L'ouverture des marchés nord-américain et européen conduit Sud Marine Entreprises à réfléchir à l'opportunité d'expéditions par voie aérienne tant pour les livraisons que pour la participation aux salons. Les coûts engendrés par le transport aérien amènent l'entreprise à étudier un nouveau mode d'emballage. Elle fait appel à un emballeur pour mener une étude dont certains éléments figurent en annexe.

Le changement d'emballage constitue-t-il un investissement rentable sachant que l'entreprise envisage de participer à 4 salons par an ?

Annexe

Poids d'un Sicomod : 500 kg

Caractéristiques de l'emballage bois actuel : 5 caisses bois – épaisseur des parois : 4 cm

4 caisses de dimensions unitaires hors tout en mètres : 1,11 × 0,89 × 1,17

Poids unitaire : 125 kg

1 caisse de dimensions unitaires hors tout en mètres : 1,27 × 1,17 × 1,30
Poids unitaire : 150 kg
Coût des 5 caisses : 2 300 EUR
Caractéristiques du nouvel emballage envisagé : 5 caisses polyester d'une durée de vie de 5 ans
Ce matériau permet de gagner 75 % sur l'épaisseur des parois et 50 % sur le poids
Coût des 5 caisses : 12 500 EUR
Coût moyen du kg taxable en aérien par trajet : 5,35 EUR

D'après sujet BTS CI

Exercice 6

Vous devez importer des appareils électroniques en provenance du Japon, que vous achetez FCA Kobe. Votre transitaire vous propose deux types de conteneurs standard :

Type de conteneur	Volume (en m^3)	Transport et assurance Kobé – Le Havre (en EUR)	Nombre d'appareils par conteneur
20'	32	1 200	1 500
40'	64	2 000	3 000

Il vous indique également que le prix du transit et du post-acheminement sera de 300 EUR par conteneur pour un 20 pieds, et 400 pour un 40 pieds.

Le prix d'un appareil est de 100 EUR FCA Kobe. Les droits de douane sont de 5 %.

Vous prévoyez de vendre 18 000 appareils par an, répartis de façon régulière sur l'année.

Quel type de conteneur faut-il retenir pour minimiser les coûts logistiques si l'on chiffre à 10 % l'an le coût du stockage (coûts physiques et immobilisation des fonds) ?

3.1 *Vérifiez vos connaissances*

Exercice 1

1.

Voie maritime	Connaissement ou B/L (Bill of Lading) CTBL (Combined Transport Bill of Lading ou connaissement de transport combiné) et Connaissement FIATA couvrent des transports combinés (pré et/ou post-acheminements et transport principal maritime) ; le premier est émis par la compagnie maritime, le second, par un transitaire agissant en tant que commissionnaire de transport.
Voie aérienne	LTA (Lettre de Transport Aérien) – ou AWB (AirWay Bill) House Airway Bill remise à chaque chargeur lors d'un groupage par le groupeur aérien qui lui reçoit une Master Airway Bill de la compagnie aérienne pour l'expédition totale.
Voie routière	Lettre de voiture CMR
Voie ferroviaire	Lettre de voiture CIM

2. Par sa signature du document de transport, le transporteur atteste la prise en charge des marchandises et donc engage sa responsabilité.

3.

	Maritime	Aérien
Poids théorique	12/1 = 12 tonnes	12/6 = 2 tonnes
Comparaison poids théorique/poids réel	12 > 2,5 tonnes	2 < 2,5 tonnes
Poids taxable à l'avantage du transporteur	Poids théorique = 12 tonnes ou 12 UP (unités payantes)	Poids réel = 2,5 tonnes

En transport routier, la convention internationale CMR de Genève n'indique pas d'équivalence. Les transporteurs considèrent le plus souvent : 1 m^3 = 330 kg (parfois 250 kg).

	1 m^3 = 330 kg
Poids théorique	12 × 330 = 3 960 kg
Comparaison poids théorique/poids réel	3,96 > 2,5 tonnes
Poids taxable à l'avantage du transporteur	Poids théorique = 3,96 tonnes

Exercice 2

CONSEIL

Pour toute cotation incluant une évaluation de fret, déterminez les caractéristiques physiques de l'expédition et appliquez les règles d'équivalence. Bien sûr, travaillez en tableau !

corrigés

1. **Caractéristiques de l'expédition**

Poids réel = 50 caisses × 80 kg = 4 000 kg = 4 tonnes	Volume réel = 50 × (0,8 × 1 × 0,5) = 20 m^3

Poids théorique = 20/1 = 20 tonnes > 4 tonnes → taxation du fret selon le poids théorique soit 20 UP

Le volume et le poids réels sont compatibles avec les contraintes de capacités du conteneur.

Évaluation du coût de l'acheminement

Éléments	Calculs	Montants en EUR
1. Fret de base	20 × 240 = 4 800 USD (> minimum de taxation) 4 800/1,45	3 310,34
2. BAF	(1) × 6 %	198,62
3. Fret corrigé		3 508,96
4. CAF	(3) × – 2,5 %	– 87,72
5. Fret total		3 421,24
6. Remise	(5) × 5 %	– 171,06
7. Fret dû		3 250,18
8. Autres frais	400 + 15 + 170	585,00
9. Coût total de l'acheminement		3 835,18

2. L'incoterm CPT est un incoterm de vente départ : le client assume donc les risques depuis le port d'embarquement. Il peut ne pas assurer les marchandises. Dans ce cas, si les climatiseurs subissent une avarie lors de leur acheminement sans que le transporteur en soit responsable, il ne sera pas indemnisé. Cette situation risque d'être néanmoins préjudiciable à l'entreprise Leval car les clients incriminent toujours le fournisseur de toute détérioration subie par la marchandise même si le fournisseur a rempli ses obligations. Pour éviter ce préjudice commercial, il vaut mieux vendre CIP Mombassa.

3.2 *Mettez en application*

Exercice 1

1. Calcul du fret dû pour chacune des trois expéditions

Expéditions	1	2	3
Poids réel	120 kg	10 kg	250 kg
Volume réel	1,20 m^3	48 dm^3	1,32 m^3
Poids théorique	1,20/6 = 0,2 t = 200 kg	48/6 = 8 kg	1,32/6 = 0,22 t = 220 kg
Poids taxable	120 < 200 kg → 200 kg	10 > 8 kg → 10 kg	250 > 220 kg → 250 kg
Application du tarif	3,36 × 200 = 672 EUR	5,80 × 10 = 58 EUR	3,36 × 250 = 840 EUR
Payant pour	2,63 × 300 = 789 EUR	4,25 × 45 = 191,25 EUR	2,63 × 300 = 789 EUR
Fret dû	672 EUR	70 EUR	789 EUR
Justification	Le payant-pour n'est pas intéressant	Le fret dû est inférieur au minimum qui s'applique donc	Le payant-pour est plus avantageux

2. Il faut que : le poids taxable (q) × 3,36 > 300 × 2,43
soit q = (300 × 2,63)/3,36 → q = 234,82 kg

Exercice 2

Montant du fret à payer

Caractéristiques de l'expédition

Poids réel = 1 400 × 2 kg = 2 800 kg = 2,8 tonnes

Volume réel = 1 400 × 0,50 × 0,20 × 0,10 = 14 m^3

Le poids et le volume sont compatibles avec les capacités d'une palette.

Fret dû = 3 200 + [(2 800 – 1 900) x 1,50] = 4 550 EUR

3 200 ↓ Forfait ↓ 1 900 kg

(2 800 – 1 900) ↓ Poids au-delà du poids pivot ↓ 900 kg

1,50 ↓ Prix par kg

1 900 kg + 900 kg = 2 800 kg

Exercice 3

Caractéristiques de l'expédition

Poids réel = 450 kg

Volume réel = 1,20 m^3

Poids théorique = 1,20 × 330 = 396 kg < 450 kg → taxation du fret selon le poids réel soit 450 kg

Fret = 1,21 × 450 = 544,50 EUR

Payant-pour = 0,95 × 500 = 475 EUR

Le payant-pour est avantageux : le fret total est donc 475 EUR.

CONSEIL

N'oubliez pas l'application du payant-pour qui en général est pratiqué pour tout tarif de fret exprimé en tranches de poids.

Le coût du fret représente : 475 × 100/(10 EUR × 1 000 matelas) = 4,75% de la valeur EXW Bursa.

3.3 *Passez le BTS*

Exercice 1

1. Caractéristiques de l'expédition

Poids réel = 3,6 + 1,25 = 4,85 tonnes

Volume réel = 1,8 × 1 × 2 = 3,60 m^3

Poids théorique = 3,60/1 = 3,60 tonnes < 4,85 tonnes → poids taxable = 4,85 tonnes soit 4,85 UP

CONSEIL

Il ne faut pas oublier le poids de l'emballage d'autant qu'il peut être relativement important !

Évaluation du prix d'offre

Éléments	Calculs	Montant en EUR
1. Coût de revient de la pompe		150 000,00
2. Marge	(1) × 20 %	30 000,00
3. Emballage	730 + 155	885,00
4. Prix Ex Works Dunkerque	(1) + (2) + (3)	180 885,00
5. Pré-acheminement et frais à Anvers		300,00
6. Fret maritime	(230/1,45) × 4,85)	769,31
7. Correctifs	(8/1,45) × 4,85	26,76
8. CPT La Guardia		181 981,07
9. Assurance		1 615,65
10. CIP La Guardia	(7)/0,9912	183 596,72

2. L'entreprise bénéficie d'une garantie en matière de qualité de l'emballage. En tant que membre du SEILA, la société Frépont a conçu et fabriqué selon le cahier des charges élaboré par le SEILA. Toute défectuosité de l'emballage donne droit à indemnisation.

Exercice 2

CONSEIL

Le plan de chargement ne peut être défini à partir d'un raisonnement global consistant à diviser le volume d'un conteneur par le volume unitaire d'une palette, d'un carton… Si le résultat mathématique obtenu est juste, sa mise en pratique suppose de découper les palettes, cartons… ! Un schéma évite ces erreurs.

Quelle que soit la palette utilisée, la hauteur de chargement est de 1,50 mètre : elle permet de superposer 5 cartons (1,5/0,3).

Chargement sur une palette 1 000 × 1 200 cm

	1re solution	2e solution
La longueur	1 200/300 = 4 cartons	1 200/400 = 3 cartons
Largeur	1 000/400 = 2 cartons	1 000/300 = 3 cartons
Total par couche	4 × 2 = 8 cartons par couche	3 × 3 = 9 cartons par couche
Total par palette	8 × 5 = 40 cartons	9 × 5 = 45 cartons

Dans un 20', on loge 10 palettes 1 000 × 1 200 soit un chargement total de 10 × 45 cartons = 450 cartons

Première solution

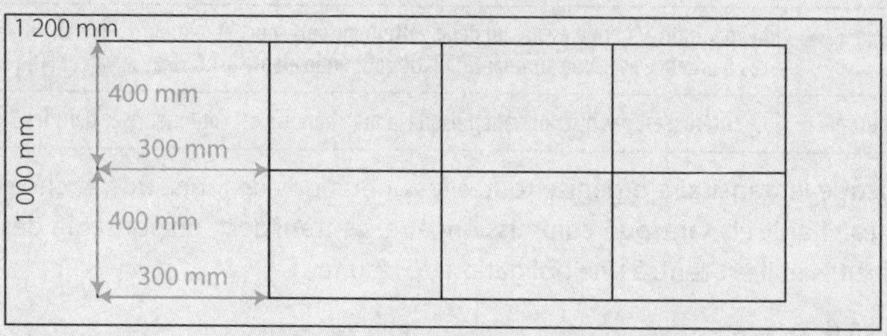

Chargement sur une palette 800 × 1 200 cm

	1re solution	2e solution
La longueur	1 200/300 = 4 cartons	1 200/400 = 3 cartons
Largeur	800/400 = 2 cartons	800/300 = 2 cartons
Total par couche	4 × 2 = 8 cartons par couche	3 × 2 = 6 cartons par couche
Total par palette	8 × 5 = 40 cartons	6 × 5 = 30 cartons

Dans un 20', on loge 11 palettes 800 × 1 200 soit un chargement total de 11 × 40 cartons = 440 cartons.

Le changement de palette diminue le chargement d'un conteneur de 10 cartons soit environ 2 % du chargement.

Exercice 3

1. Comparaison des coûts en EUR des trois solutions transport

Éléments	Calculs	Maritime	Aérien	Mer-Air
1. Acheminement	Fret/1,45	1 448	13 379	5 793
2. Frais annexes		1 000	820	820
3. Durée totale		35 jours	6 jours	14 jours
4. Coût financier (a)	(800 000/1,45) × 6 % × (3)/360	3 218	552	1 287
5. Coût total		5 666	14 751	7 900
6. Coût en % de la valeur FOB		1,03 %	2,67 %	1,43 %

Le règlement s'effectue par crédit documentaire à vue : on peut considérer que l'entreprise Trémail paie lors de la remise des documents donc lors de l'expédition et qu'elle finance cet achat pendant la durée du transport.

2. La comparaison des solutions transport porte sur les trois critères : coût, délai et sécurité.

Critères	Maritime	Aérien	Mer-Air
Coût	5 666	14 751	7 900
	La voie maritime apparaît plus avantageuse que le transport combiné Mer-Air mais la différence est suffisamment mince pour que l'entreprise ne rejette pas cette solution en fonction de ses contraintes en matière d'approvisionnement.		
Délai	35 jours	6 jours	14 jours
	L'expédition aérienne assure un délai nettement plus court et demeure de ce fait envisageable en cas d'urgence avec une augmentation du coût équivalente à 1,6 % de la valeur FOB.		
Sécurité	Ce critère n'est pas discriminant puisque la marchandise est conteneurisée dans les 3 cas.		

3. Lorsque le transitaire organise toutes les opérations de logistique et choisit les prestataires, il agit en tant que commissionnaire de transport, responsable des tiers qu'il a sollicités et il est tenu à une obligation de résultat.

Exercice 4

Un conteneur 20' permet de loger 10 palettes standard.

Premier niveau de chargement d'une palette

Premier niveau de chargement	1 palette
La longueur	1 200/300 = 4 cartons
Largeur	1 000/300 = 3 cartons
Nombre de cartons par couche	4 × 3 = 12 cartons par couche
Nombre de bouteilles par couche	12 cartons × 12 bouteilles = 144 bouteilles
Nombre de couches de cartons par palette	600 bouteilles/144 bouteilles = 4
Nombre de cartons sur une palette	12 cartons × 4 couches = 48 cartons
Nombre de cartons dans un conteneur	48 cartons × 10 palettes = 480 cartons

Les palettes sont gerbables à hauteur de conteneur. Il faut déterminer la hauteur disponible après le premier niveau de chargement (H) :

H = 2,25 – hauteur des palettes – hauteur du 1er niveau de chargement = 2,25 – (2 × 0,15) – (4 × 0,30) = 0,75 m

Cette hauteur disponible autorise un second niveau de chargement :

Deuxième niveau de chargement	1 palette
Nombre de couches de cartons par palette	0,75/0,3 = 2 couches de cartons
Nombre de cartons sur une palette	12 cartons × 2 couches = 24 cartons
Nombre de cartons sur ce 2e niveau de chargement	24 cartons × 10 palettes = 240 cartons

Le conteneur contiendra donc : 480 + 240 = 720 cartons et 8 640 bouteilles.

Il convient de vérifier que ce chargement est compatible avec la charge maximale utile du conteneur :

(8 640 bouteilles × 1,60 kg) + (720 cartons × 2 kg) + (20 palettes × 10) = 15 464 kg < 18 000 kg.

Pour équilibrer le chargement, il vaut mieux répartir la charge pour rendre les palettes plus homogènes et empiler 3 couches de cartons sur chacune d'elles, ce qui se fait sans problème en fin de chaîne de conditionnement.

Exercice 5

Pour évaluer l'opportunité de l'investissement, il faut comparer les coûts de transport engendrés par les deux emballages : emballage bois actuel et emballage polyester.

Caractéristiques physiques des expéditions selon l'emballage

Emballage bois

Poids total des caisses = (125 kg × 4) + 150 kg = 650 kg

Poids réel total = 500 kg + 650 kg = 1 150 kg

Volume réel total = [(1,11 × 0,89 x 1,17) × 4] + (1,27 × 1,17 × 1,30) = 6,555042 m^3

Emballage polyester

Poids réel total = 500 kg + (650/2) = 825 kg

Pour déterminer le volume réel total, il faut tenir compte de la diminution de 75 % de l'épaisseur des parois soit 75 % × 4 cm = 3 cm de chaque côté

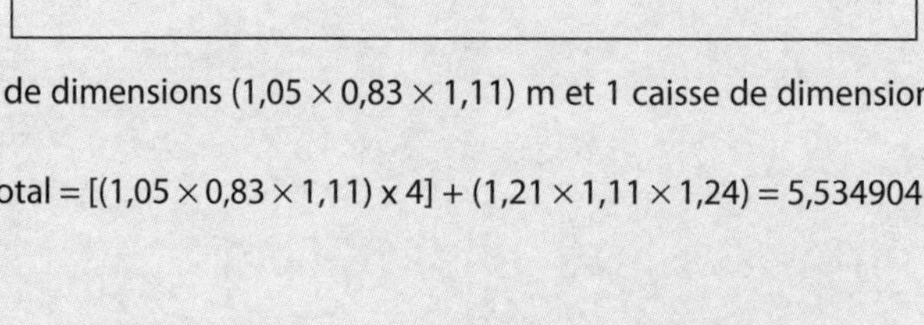

Soit 4 caisses de dimensions (1,05 × 0,83 × 1,11) m et 1 caisse de dimensions (1,21 × 1,11 × 1,24) m

Volume réel total = [(1,05 × 0,83 × 1,11) x 4] + (1,21 × 1,11 × 1,24) = 5,534904 m^3

corrigés

Coût du fret aérien

	Emballage bois	Emballage polyester
Poids réel	1 150 kg	825 kg
Volume réel	6,555042 m^3	5,534904 m^3
Poids théorique	6,555042/6 = 1 091,74 = 1 092 kg	5,534904/6 = 0,922484 = 922 kg
Poids taxable	1 150 kg	922 kg
Fret aérien	5,35 × 1 150 = 6 152,50 EUR	922 × 5,35 = 4 932,70 EUR

Économie de 1 219,8 EUR à chaque trajet.

Nombre de trajets pour rentabiliser l'investissement = 12 500 EUR/1 219,8 = 10 trajets

Nombre de trajets prévus par an = 4 salons × 2 = 8 salons

Durée nécessaire à la rentabilisation de l'investissement = 10/8 = 1,25 an soit 1 an 1 trimestre

Le changement d'emballage est donc rentable.

Exercice 6

Comparaison des coûts supportés selon le conteneur choisi.

Éléments	Conteneur 20'	EUR	Conteneur 40'	EUR
1. FCA Kobe 2. Fret et assurance	1 500 × 100 EUR	150 000 1 200	3 000 × 100 EUR	300 000 2 000
3. CIP Le Havre	(1) + (2)	151 200	(1) + (2)	302 000
4. Droits de douane 5. Frais à l'arrivée 6. Coût de stockage (a)	(3) × 5 % 750 × 100 EUR × 10 %	7 560 300 7 500	(3) × 5 % 1 500 × 100 EUR × 10 %	15 100 400 15 000
7. Coût total par conteneur	(3) + (4) + (5)	159 060	(3) + (4) + (5)	317 500
8. Nombre de conteneurs par an	18 000/1 500	12	18 000/3 000	6
9. Coût total annuel	[(7) × (8)] + (6)	1 916 220	[(7) × (8)] + (6)	1 920 000

(a) stock moyen = (stock initial + stock final)/2 = (1 500 + 0)/2 = 750 appareils pour un achat en conteneur 20'.
Coût de stockage = 10% de la valeur du stock moyen calculé sur la base de la valeur FCA Kobe.

La solution du conteneur 20' est donc moins coûteuse.

14

Les régimes douaniers définitifs

Le régime douanier désigne le statut juridique des produits importés et exportés que choisit l'entreprise en fonction de l'usage qu'elle envisage et des possibilités que lui offre le droit douanier. À cet égard, l'Union européenne constitue un territoire douanier unique et ses échanges avec les autres pays du monde sont soumis à une réglementation et des procédures établies au niveau communautaire.

Les régimes douaniers définitifs sont réservés aux opérations d'entrée et de sortie définitives de produits en Union européenne et les deux termes « exportations » et « importations » sont réservés aux relations avec les pays tiers.

1 *L'exportation*

L'exportateur vérifie si ses produits font l'objet d'une réglementation et les place sous le régime douanier de l'exportation.

(A) *Les mesures de contrôle des exportations*

La plupart des produits sont libres d'exportation mais quelques-uns font l'objet de mesures restrictives comme notamment :

- les biens soumis à prohibition d'exportation, ce qui impose à l'entreprise de se procurer une autorisation d'exportation délivrée par le **SETICE** (Service des titres du commerce extérieur) après avis des ministères techniques concernés ;

Exemple

Les matériels de guerre, armes et munitions, les espèces de la faune et de la flore protégées par la Convention de Washington, les œuvres d'art considérées comme « Trésors nationaux ».

- les biens à double usage, à la fois civil et militaire.

(B) *Le régime applicable à l'exportation*

Le régime de l'exportation en simple sortie est sollicité lorsque l'entreprise exporte définitivement le produit. Cette opération bénéficie de l'exonération de TVA : le montant facturé au client est donc le montant hors taxes.

2 L'importation

Une marchandise importée peut être soumise à des mesures de contrôle du commerce extérieur, plus importantes à l'importation qu'à l'exportation. À son entrée en Union européenne, elle est placée sous les régimes douaniers de la **mise en libre pratique** et la **mise à la consommation** et supporte des droits et taxes (voir « Les droits et taxes à l'importation »).

A Le dispositif de contrôle des importations

Ce dispositif vise à protéger l'espace communautaire tout en facilitant les échanges internationaux conformément aux engagements pris par l'Union européenne vis-à-vis des pays tiers et dans le cadre de l'**OMC** (Organisation mondiale du commerce). Il reconnaît deux situations.

- le cas général correspond à la liberté d'importation et concerne la majorité des produits qui sont importés sans contraintes particulières.
- les exceptions concernent les importations qui constituent une menace pour les entreprises communautaires. Elles donnent lieu à deux types de mesures applicables au niveau communautaire :

Mesures de surveillance

Déclenchement	→	Mesures prises
Inquiétude des états membres ou de la Commission européenne face à des importations dont le prix ou l'important accroissement de leur volume nuisent aux entreprises communautaires. ↓ Enquête qui peut déboucher sur l'instauration de mesures de surveillance selon 2 modalités.	→	Importations soumises à la présentation d'un document communautaire de surveillance (DCS) 1re modalité : DSC sans visa préalable (mesures de surveillance a posteriori) 2e modalité : DSC visé par les autorités compétentes du pays membre comme le SETICE en France (mesures de surveillance a priori).

Mesures de sauvegarde

Déclenchement	→	Mesures prises
Enquête prouvant que les quantités et prix des importations surveillées sont susceptibles de créer un préjudice grave aux entreprises communautaires.	→	Importations conditionnées à l'obtention d'une licence d'importation et établissement de contingents quantitatifs gérés au niveau communautaire.

(B) *Les régimes douaniers applicables à l'importation*

Les deux régimes douaniers prévus, mise en libre pratique et mise à la consommation, sont demandés de façon conjointe lors d'une importation de marchandises.

La mise en libre pratique permet la libre circulation des marchandises au sein de l'Union européenne sans toutefois en autoriser la libre disposition sur le territoire national. Elle engendre la perception des droits de douane et l'application des mesures communautaires prises dans le cadre du contrôle du commerce extérieur.

La mise à la consommation est le régime demandé simultanément pour pouvoir utiliser les marchandises au niveau national. L'importateur acquitte alors la TVA à l'importation et se conforme à la réglementation nationale le cas échéant.

15

Les droits et taxes à l'importation

Les produits importés sont soumis à des droits de douane, parfois à d'autres impositions comme des droits anti-dumping, ainsi qu'aux taxes nationales et notamment à la TVA.

1 Les caractéristiques des droits de douane

En matière de droits de douane, l'Union européenne :

- utilise le **TEC** (Tarif extérieur commun) qui garantit l'application des mêmes règles d'imposition et du même taux quel que soit le point d'entrée dans le territoire communautaire ;

Exemple

La pâte de cacao originaire d'Équateur subit la même imposition à son entrée en Union européenne qu'elle arrive à Anvers, Barcelone ou Le Havre.

- fixe principalement des **droits de douane ad valorem** déterminés en % de la valeur en douane et, dans quelques cas, des **droits spécifiques** dépendant de la nature du produit ;

Exemple

Droit ad valorem = droit de douane de 9,6 % pour la pâte de cacao.
Droits spécifiques = droits de 32 EUR par hl pour les vins mousseux.

- exonère de droits de douane tous les échanges intra-communautaires.

2 L'évaluation des droits de douane

Le montant des droits de douane dépend de 3 éléments :
- Espèce tarifaire
- Origine
- Valeur en douane

(A) L'espèce tarifaire

L'**espèce tarifaire** du produit se compose d'une désignation et d'un code composé de dix chiffres qui représentent :

- les six premiers chiffres résultent d'une analyse du produit afin de lui affecter un code établi à partir de la nomenclature internationale du **Système Harmonisé** (SH) ;

- les deux suivants relèvent de la **nomenclature combinée** utile à l'application du tarif douanier commun et à l'élaboration de statistiques communautaires ;
- les deux derniers correspondent au **TARIC** (Tarif intégré communautaire) et renvoient aux réglementations communautaires particulières.

Ces dix chiffres sont éventuellement complétés par des codes additionnels communautaires (CACO) ou nationaux (CANA) afin d'intégrer les réglementations spécifiques relatives au produit

Exemple

Bijouterie fantaisie artisanale :

711719 Système Harmonisé	9 9 Nomenclature combinée	1 0 TARIC

La recherche de l'espèce tarifaire peut s'effectuer à partir du portail de la douane à la rubrique TARIC. Si cette investigation n'aboutit pas, il convient :

- soit de solliciter le bureau de douane pour obtenir un avis de classement,
- soit de déposer une demande de **RTC** (renseignements tarifaires contraignants).

Le RTC est valable six ans en l'absence de réglementation modifiant la nomenclature.

(B) *L'origine*

L'**origine** d'un produit détermine les taxations auxquelles il est soumis. En raison des accords entre états, il convient de distinguer les origines préférentielle et non préférentielle.

• *L'origine non préférentielle*

Un produit entièrement fabriqué dans un pays est originaire de ce pays. S'il intègre des composants importés, il est déclaré originaire du pays où il a subi une transformation substantielle et économiquement justifiée.

CONSEIL

Ne pas confondre origine et provenance !

Des réfrigérateurs fabriqués aux États-Unis, acheminés de Boston *via* Anvers à destination de Paris, sont d'origine américaine et de provenance néerlandaise.

• *L'origine préférentielle*

Les accords préférentiels signés par l'Union européenne avec certains pays fixent les règles de détermination de l'origine. Les cumuls, bilatéraux ou multilatéraux, assouplissent encore ces dispositions et augmentent le nombre de produits éligibles à un traitement préférentiel : réduction ou suspension de droits de douane.

Exemple

Le cumul pan européen méditerranéen.

Pour les produits faisant l'objet de contrôles ou d'accords préférentiels, leur origine doit être prouvée par un **certificat d'origine** : certificat de circulation EUR, CO, ou, sous certaines conditions, simple déclaration d'origine sur facture (DOF).

En cas d'incertitude sur l'origine, il convient de rédiger une demande de **RCO** (renseignements contraignants d'origine) sur un formulaire adressé à la Direction générale des douanes et droits indirects ou rempli en ligne sur le site de la douane (www.douane.gouv.fr) sous l'onglet « les formulaires douaniers ». Le RCO est transmis dans un délai de 150 jours et il est valable trois ans sauf modifications, notamment du droit communautaire, qui le rendraient caduc.

C La valeur en douane

La **valeur en douane** sert de base au calcul des droits de douane ad valorem.

Elle correspond à la valeur de la marchandise au point d'entrée dans l'Union européenne. En général, elle est calculée à partir de la valeur transactionnelle c'est-à-dire la valeur de la facture qui est retraitée en fonction de l'incoterm du contrat de vente.

Si, la valeur d'un achat CIF ne nécessite pas d'ajustement, un montant facturé selon un incoterm de la famille F (FCA, FAS, FOB) est augmenté des frais jusqu'au point d'entrée dans l'Union européenne. À l'inverse, un total de facture déterminé selon l'incoterm DDU est diminué des charges supportées dans la Communauté.

Exemple

Importation de pâte de cacao

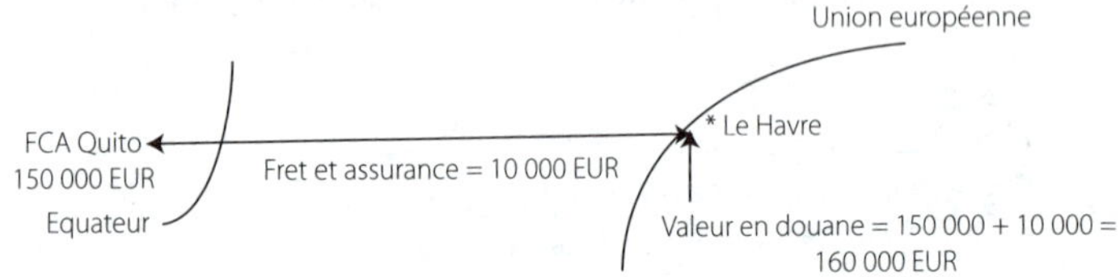

CONSEIL

Un schéma permet de mieux visualiser les retraitements à opérer pour obtenir la valeur en douane.

Cette valeur en douane est exprimée en EUR et les montants facturés exprimés en devises sont convertis en EUR sur la base du cours de change de l'avant-dernier mercredi du mois précédent. Ces taux de change sont consultables sur le portail de la douane (https://pro.douane.gouv.fr).

La valeur en douane doit être justifiée par la production d'une DV1 si elle dépasse 10 000 EUR.

La connaissance des 3 éléments, espèce, origine, valeur permet de calculer le montant des droits de douane d'un produit.

Exemple

Espèce et origine déterminent le taux des droits de douane qui est appliqué ensuite à la valeur en douane.

Pâte de cacao originaire d'Équateur : 9,6 %.

Droits de douane dus pour l'importation de pâte de cacao = 160 000 EUR × 9,6 % = 15 360 EUR.

3 Les autres impositions

Elles correspondent aux obstacles tarifaires décidés par l'Union européenne pour combattre des pratiques de concurrence déloyale.

(A) Les droits antidumping

Les **droits antidumping** sont applicables aux produits importés à des prix déloyaux. Ils sont caractérisés par :

- un taux fixé après enquête et appliqué sur la valeur en douane ;
- un caractère provisoire mais qui peut devenir définitif selon les résultats de l'enquête ;
- un montant au plus égal à la marge de dumping.

(B) Les prélèvements agricoles

Les prélèvements agricoles majorent les prix de certains produits agricoles importés pour les ramener au niveau des prix communautaires.

4 La TVA et autres taxes nationales à l'importation

Outre les impositions douanières, les produits importés supportent les taxes nationales pour assurer une égalité de traitement fiscal entre tous les producteurs. Il s'agit :

- des taxes parafiscales non récupérables ;
- de la **TVA** de loin la plus importante.

Le calcul de la TVA due prend en considération deux éléments : son taux et son assiette.

(A) Le taux de TVA

Le même taux est appliqué sur tout produit quelle que soit son origine nationale ou étrangère. En France, trois taux sont utilisés :
- taux particulier : 2,1 % (médicaments, presse et autres publications…) ;
- taux réduit : 5,5 % (produits agricoles et alimentaires…) ;
- taux normal et de droit commun : 19,6 %.

(B) L'assiette de TVA

Elle comprend la valeur en douane
+ droits et taxes autres que la TVA
+ frais accessoires (transport, assurance) jusqu'au 1er lieu de destination des marchandises dans le pays (qui correspond en général au lieu de dédouanement).

Exemple

La pâte de cacao est acheminée du Havre à Nancy où elle est dédouanée. Les frais de manutention, d'acheminement et d'assurance jusqu'à Nancy sont estimés à 1 250 EUR.

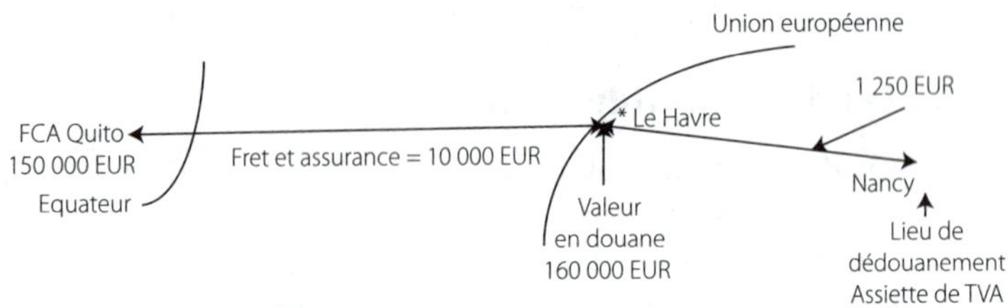

5 Le paiement des droits et taxes

2 solutions :
- comptant (avant l'enlèvement des marchandises qui sont le gage des droits et taxes dus)
- à crédit, soit par **crédit de droits** ou **crédit d'enlèvement**.

(A) Le crédit d'enlèvement

Il ne s'agit pas d'un mode de paiement des droits et taxes mais de l'autorisation d'enlever les marchandises sans acquitter les impositions douanières contre l'engagement de les payer dans un délai de 30 jours après dépôt de la déclaration (15 jours pour un dédouanement par procédures simplifiées). Cet engagement est garanti par une caution qui constitue le seul coût à supporter par l'importateur.
Pour bénéficier de cet avantage, il faut le demander auprès du receveur principal des douanes. Son octroi donne, en plus, la possibilité de régler la TVA en une seule échéance fixée au 25 du mois suivant l'importation.

(B) *Le crédit de droits*

Ce mode de paiement des droits et taxes fait l'objet d'une demande auprès du receveur principal des douanes. En cas d'accord, l'importateur reçoit un jeu de 25 obligations cautionnées :

- payables dans un délai de 120 jours après dépôt de la déclaration ;
- d'un nominal égal au total des droits et taxes exigibles augmenté d'une remise spéciale (1/3 % du total) et d'un intérêt.

CONSEIL
Le coût du crédit de droits n'est pas négligeable et il est judicieux de le comparer avec les autres modalités de financement.

Crédits d'enlèvement et de droits sont cumulables de sorte que le délai maximal de paiement des droits et taxes atteint 150 jours.

16

Les régimes douaniers économiques et suspensifs

Les régimes douaniers économiques et suspensifs ont été créés pour alléger les contraintes que les importateurs et exportateurs rencontrent dans la gestion de leurs opérations internationales. Ils contribuent à améliorer leurs opérations de logistique, à faciliter leurs opérations commerciales ou encore à renforcer leur compétitivité.

Ces régimes sont sécurisés par une caution dès qu'ils entraînent une suspension de droits et taxes.

> CONSEIL
> Afin d'identifier le régime douanier le mieux adapté aux opérations internationales de l'entreprise, il suffit de repérer les contraintes et coûts qui découlent des régimes définitifs, contraintes et coûts que les régimes suspensifs amoindrissent ou suppriment.

1 Les régimes facilitant les opérations de logistique

Le transit sous douane et le régime d'entrepôt sous douane modulent les obligations de dédouanement et octroient des marges de manœuvre au niveau du transport et du stockage.

A Le transit sous douane

Ce régime couvre l'acheminement de marchandises sous contrôle douanier :
- entre deux ou plusieurs pays ou entre deux localités d'un même pays ;
- en suspension de droits et taxes et de mesures de contrôle du commerce extérieur.

Il est accordé par les autorités douanières qui imposent deux types de garanties :
- des **garanties matérielles** pour éviter toute manipulation de la marchandise pendant le transport
  - contrôle de la déclaration de transit, vérification éventuelle de la marchandise ;
  - pose de scellés ;

- des **garanties financières** relatives au paiement des droits et taxes, sous 2 formes :
  - **consignation** : dépôt d'une somme égale aux impositions dues et qui sera restituée après respect des engagements ;
  - **caution** : solution la plus fréquente par laquelle un tiers (en général une banque) s'engage à payer en cas de défaillance de l'importateur.

Le **téléservice TRIGO** (Gestion garantie globale opérateurs) assure une centralisation des cautionnements et permet à l'entreprise de suivre sur le portail de la douane (https://pro.douane.gouv.fr) les garanties dont elle dispose.

Le transit international revêt 3 formes différentes.

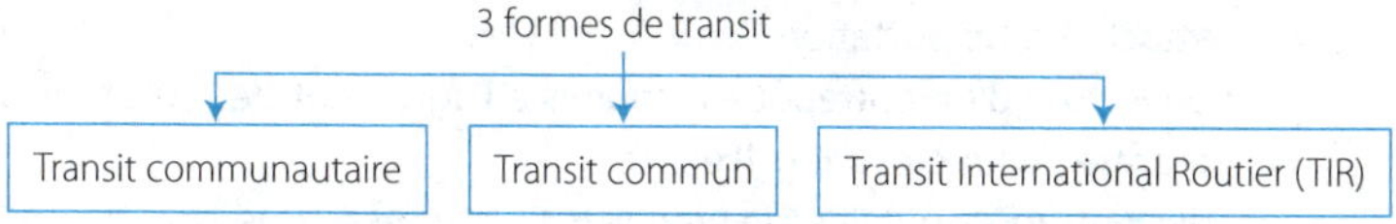

Le **transit communautaire** concerne le déplacement de marchandises dans l'Union européenne. Il existe encore sous deux modalités, transit communautaire externe et interne mais cette dernière est désormais très rare.

Le transit communautaire externe est :

- obligatoire pour la circulation de marchandises tierces dans l'Union européenne ;
- couvert par un document douanier de transit (DAU T1) généré par le NSTI (Nouveau Système de Transit Informatisé), système d'échanges de données informatisées entre la douane et les entreprises ;
- ou par un document commercial dans le cadre d'un transit simplifié en France.

Exemple

L'entreprise lilloise, Gitca, importe du matériel médical du Canada *via* Rotterdam. Elle souhaite effectuer le dédouanement à Lille.

À Rotterdam, le matériel est placé sous régime de transit communautaire externe et circule sous contrôle douanier jusqu'à Lille où il est dédouané. Le bureau de douane de Lille transmet un avis d'arrivée au bureau de Rotterdam : le régime est alors apuré.

Transit commun (non obligatoire) concerne la circulation des marchandises entre l'Union européenne et l'AELE :

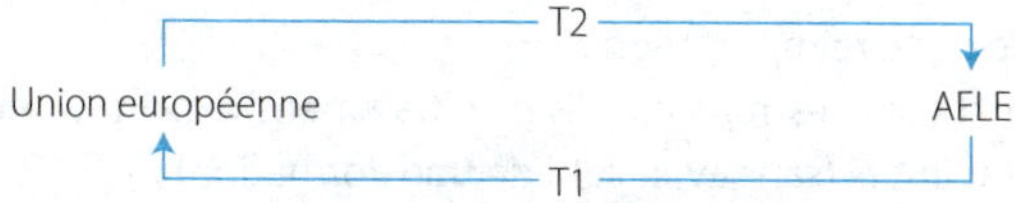

Transit International Routier (TIR)

Son obtention exige que l'opération respecte 3 conditions :

- échange avec des pays tiers ayant ratifié la convention TIR ;
- acheminement des marchandises au moins en partie par route ;
- camions ou conteneurs agréés au scellement douanier.

Ce régime fonctionne sous couvert d'un carnet TIR délivré par l'AFTRI (Association française de transport routier international – www.aftri.com).

Il offre 2 avantages majeurs :
- il évite le contrôle des marchandises aux frontières ;
- le carnet TIR remplace les déclarations douanières.

(B) *L'entrepôt sous douane*

Le **régime d'entrepôt** confère des avantages en termes de trésorerie en autorisant :
- le stockage en suspension de droits et taxes de marchandises importées qui sont alors dédouanées au fur et à mesure des besoins ;
- le stockage de marchandises exportées avec bénéfice immédiat des effets attachés à l'exportation.

L'ouverture d'un entrepôt est soumis à l'agrément des autorités douanières et garantie par une caution. Il existe :
- des entrepôts publics (de type A, B, F) ouverts à tous ;
- des entrepôts privés (de type C, D, E) réservés à l'usage exclusif de l'entrepositaire.

Le choix du type d'entrepôt privé ou public dépend principalement :
- du volume des marchandises à stocker,
- de la régularité de ce stock dans le temps,
- des contraintes de l'activité qui imposent un accès plus ou moins aisé au stock.

2 *Les régimes favorables aux opérations commerciales*

Des opérations telles que la participation à des manifestations commerciales à l'étranger, l'envoi de matériel pour essais engendrent formalités et impositions douanières qu'il est possible d'alléger par le régime des retours et par celui des échantillons commerciaux.

(A) *Le régime des retours*

Avec le régime des retours, les marchandises exportées temporairement sont réimportées en Union européenne, en franchise de droits et taxes à condition que cette réimportation :
- porte sur les marchandises initialement exportées et maintenues dans leur état initial (sans avoir subi de transformation) ;
- intervienne dans un délai d'un an pour les produits agricoles et de trois ans pour les autres produits.

Ce régime fonctionne sous 2 modalités :

- *Exportation avec réserve de retour*

Exemple

Matériels vendus sous réserve d'essais satisfaisants, marchandises présentées dans des foires ou salons.

• *Exportation sans réserve de retour*

Exemple

Retour du matériel non prévu à l'origine car rapatriement pour défectuosité.

La réimportation peut s'opérer dans un autre pays-membre si l'exportateur établit un bulletin INF3 pour fournir tous les renseignements utiles aux douaniers.

(B) *Le régime des échantillons commerciaux*

Les échantillons commerciaux ainsi que le matériel utilisé dans les manifestations commerciales bénéficient des mesures relatives aux opérations temporaires (simplification des procédures, réduction ou exonération de droits et taxes). La Convention de Bruxelles, qui devrait être remplacée par la convention d'Istanbul, permet leur circulation en franchise de droits et taxes sous couvert d'un **carnet ATA** (Admission Temporaire/Temporary Admission).

Le carnet ATA est un document douanier :

- délivré à titre onéreux par les CCI,
- rempli par l'entreprise et visé par la CCI qui joue le rôle de garant vis-à-vis des autorités douanières ;
- présenté avec les marchandises au bureau de douane le plus proche avant le départ ;
- remis au retour en Union européenne, à la CCI pour **apurement du régime**.

Il évite :

- les formalités aux frontières puisque ses différents feuillets valent déclarations d'importation ou d'exportation ;
- le paiement de droits et taxes.

CONSEIL

Le recours à un carnet ATA suppose de bien connaître l'itinéraire emprunté afin de déterminer le nombre de feuillets utiles. Le site de la Chambre de commerce de Paris (www.formint.ccip.fr) fournit modèle, informations et conseils à ce sujet.

3 *Les régimes favorables à la compétitivité*

Les autorités douanières ont défini des régimes douaniers qui concèdent des réductions voire des exonérations de droits et taxes aux entreprises qui réalisent des importations et exportations temporaires ou encore qui gèrent des opérations de sous-traitance internationale.

Ⓐ *L'admission temporaire*

L'**admission temporaire** allège les droits et taxes dus pour tout produit importé de façon temporaire. Il présente deux caractéristiques principales.

• *Une double condition à remplir*

Le produit concerné est réexporté dans son état initial et dans un délai maximal de 24 mois.

• *Un avantage en terme de coûts*

Les droits de douane sont acquittés lors de la réexportation et correspondent à 3 % des impositions normales par mois de présence dans l'Union européenne. Leur suppression est réservée à certaines marchandises.

Exemple

Le 1er avril, un équipement destiné à tester des centraux téléphoniques est importé du Canada en France pour une durée de 2 mois. Sa valeur en douane est de 600 000 EUR et il est soumis TEC de 5 % et une TVA au taux normal.

Lors de l'importation, le 1er avril :
paiement de la TVA = 600 000 × 19,6 % = 117 600 EUR.
Lors de la réexportation, le 1er juin :

paiement des droits de douane = $\underbrace{600\,000 \times 5\,\%}_{\text{Droits de douane normaux}} \times \underbrace{2}_{\text{Nombre de mois d'utilisation}} \times \underbrace{3\,\%}_{\text{Pourcentage des droits normaux à payer}} = 1\,800$ EUR.

Ⓑ *Le perfectionnement actif*

L'entreprise importe des composants et/ou des matières premières pour les transformer en produits finis appelés « produits compensateurs » qu'elle exporte en totalité ou en partie.

Le **perfectionnement actif** existe sous deux formes :

Deux formes

Exportation de tous les produits compensateurs	Exportation d'une partie des produits compensateurs
↓	↓
Perfectionnement actif suspension	Perfectionnement actif rembours

Le **perfectionnement actif suspension** (PAS) autorise l'importation en franchise de droits et taxes, des matières, composants incorporés dans les produits compensateurs exportés.

Le **perfectionnement actif rembours** (PAR) accorde le remboursement des droits et taxes acquittés – lors de l'importation des matières, composants… incorporés dans les produits compensateurs exportés.

Cette seconde modalité est plus souple :

- elle n'exige pas de stockage séparé ;
- elle évite le paiement des intérêts dus lorsque tous les produits compensateurs concernés par un perfectionnement actif suspension ne sont pas exportés.

Exemple

Une entreprise importe de son fournisseur taïwanais 10 000 composants électriques pour un total de 150 000 EUR CIF Dunkerque. Ces composants, soumis à un TEC de 8 %, vont équiper 10 000 détecteurs d'émanations gazeuses dont 2 000 seront exportés au Chili.

Tous les détecteurs ne sont pas exportés, le régime possible est donc un perfectionnement actif rembours.

- lors de l'importation des composants de Taïwan : paiement des droits de douane égaux à 12 000 EUR (150 000 × 8 %) soit 1,20 EUR par composant ;
- lors de l'exportation des détecteurs vers le Chili : remboursement à l'entreprise des droits de douane sur les composants = 2 000 × 1,20 = 2 400 EUR.

Ⓒ Le perfectionnement passif

L'entreprise qui exporte des matières premières, des composants communautaires pour transformation et importe les produits finis compensateurs, peut demander un régime de **perfectionnement passif**. L'importation des produits finis dans l'Union européenne bénéficie alors d'un allégement des droits et taxes dus par l'application de l'un des deux principes suivants :

- **taxation différentielle** (régime de droit commun) : les droits de douane sur les produits importés sont diminués de ceux relatifs aux marchandises initialement exportées ;
- **taxation sur la plus-value acquise** : les droits de douane sont évalués sur une valeur en douane qui correspond au prix des matières, autres éléments et services fournis par le prestataire étranger auquel s'ajoutent les frais liés au retour des produits finis dans l'Union européenne.

CONSEIL

Il faut calculer les droits dus selon chaque taxation afin de choisir la méthode la plus avantageuse car la première s'applique d'office alors qu'il faut solliciter la seconde au préalable pour en bénéficier.

Dans les 2 cas, l'assiette de TVA =

valeur des biens et services fournis par le prestataire étranger

\+ droits de douane

\+ transport et assurance liés à l'importation des produits

Exemple

Vous exportez 15 000 EUR de tissu imperméabilisé en Indonésie pour y faire fabriquer 10 000 blousons que vous importerez en vue d'une commercialisation en Europe.

Informations douanières

Dénomination commerciale	Tissu imperméabilisé	Fermeture à glissière	Blousons
TEC	10 %	14 %	12 %

Le sous-traitant indonésien facture la confection à 1 EUR par blouson, et la fermeture à glissière à 0,3 EUR pièce.

Le transport du tissu de Rouen jusqu'à Solo coûte 3 000 EUR. Le fret maritime retour coûte 2 800 EUR jusqu'à Rouen où les blousons sont dédouanés.

Taxation différentielle			Plus value acquise	
Éléments	Calculs	EUR	Éléments	EUR
Valeur de sortie du tissu Frais de fabrication Fermetures à glissière Fret retour jusqu'à Rouen	 1 × 10 000 0,3 × 10 000	15 000 10 000 3 000 2 800	Frais de fabrication Fermetures à glissière Fret retour jusqu'à Rouen	10 000 3 000 2 800
Valeur des blousons à l'entrée de l'Union européenne		30 800	Plus value acquise	15 800
Droits sur les blousons – Droits théoriques sur le tissu exporté	30 800 × 12 % 15 000 × 10 %	3 696 – 1 500	Montant des droits de douane 15 800 × 12 %	1 896
Montant des droits de douane dus		2 196	Montant des droits de douane dus	1 896

La taxation sur la plus-value acquise est donc plus avantageuse.

17

Les opérations de dédouanement

Les procédures de dédouanement ont une double fonction :
- **informer les autorités douanières du régime affecté aux marchandises ;**
- **permettre d'éventuels contrôles documentaires et/ou physiques.**

Les procédures de dédouanement sont prévues sous deux formes principales :
- la procédure de droit commun utilisable par tous mais assortie d'inconvénients en termes de coût, de lourdeur administrative et de contraintes logistiques ;
- des procédures simplifiées qui évitent ces écueils.

Elles sont directement concernées par le plan stratégique européen *e-customs* qui vise à instaurer une douane « sans papier » avec l'informatisation de toutes les déclarations en douane et la dématérialisation des documents.

1 Les objectifs du nouveau code des douanes communautaire

Ce nouveau code publié en juin 2008 doit progressivement entrer en application jusqu'en juin 2013. Outre des thèmes récurrents comme la simplification de la réglementation, il incite à une utilisation croissante des technologies de l'information et de la communication afin de simplifier et accélérer les procédures de dédouanement ; il formule des réponses aux évolutions de l'environnement international et notamment en matière de prévention des risques.

La traduction concrète de ces dispositions est, à ce jour, le statut d'opérateur économique agréé et l'informatisation des procédures.

A Le statut d'opérateur économique agréé (OEA)

Au-delà de la dimension technique, l'informatisation introduit une autre conception des relations entre l'administration douanière et les entreprises. La création du statut d'**opérateur économique agréé**, valable dans toute l'Union européenne, en est un exemple présenté dans le Cours 7 *La sécurisation du fret*.

(B) L'informatisation de la douane

Pour mettre en place cette informatisation, le portail de la douane (https://pro.douane.gouv.fr) a été créé et il héberge :

- le **NSTI** (Nouveau système de transit informatisé) dédié actuellement aux opérations des transits communs et communautaires avec une extension progressive au TIR (Transit international routier) ;
- le programme **Delt@** (Dédouanement en ligne par transmissions automatisées) qui s'applique à plusieurs **télé-procédures** :
  - Delt@ C pour les procédures de dédouanement de droit commun,
  - Delt@ D pour les procédures de dédouanement à domicile,
  - Delt@ P pour déclarations sommaires ou manifestes aériens,
  - Delt@ eXpress pour le dédouanement simplifié du fret express,
- d'autres applications telles que le service des **RTC** (Renseignements Tarifaires Contraignants), le système **TRIGO** (Gestion Globale des Garanties Opérateurs), le référentiel **RITA** (Référentiel intégré tarifaire automatisé) et l'**ECS** (Export Control System) chargé de délivrer le justificatif de sortie des marchandises exportées.

À noter que l'accès aux télé-déclarations exige de formuler une demande d'agrément aux services douaniers qui vérifient, entre autres, la capacité de l'entreprise à gérer de telles procédures. Leur autorisation est assortie de la signature d'une convention qui fixe les droits et obligations de chaque partie.

(C) Une prévention des risques

L'Union européenne, à la suite des États-Unis notamment, s'est engagée dans une démarche de sécurisation de la chaîne logistique internationale. Les entreprises devront transmettre de façon anticipée des déclarations sommaires d'entrée et de sortie reprenant toute donnée utile à l'évaluation du risque sécuritaire. Cette obligation programmée pour juillet 2009 pourrait être toutefois reportée.

2 La procédure de dédouanement de droit commun

Cette procédure ouverte à toutes les entreprises comporte des obligations documentaires et logistiques.

(A) Les obligations documentaires

Elles s'articulent autour de deux points :

- la saisie de la déclaration sur un imprimé électronique spécifique, le **DAU** (document administratif unique) et sa transmission à l'administration douanière selon la procédure Delta C dans un délai de un jour franc à l'importation et dès l'arrivée des marchandises au bureau de douane à l'exportation ;

- la communication ou l'archivage de documents justificatifs (facture, liste de colisage, certificats d'origine, certificat sanitaire ou vétérinaire, licence d'importation, etc.) ou l'engagement, par une **soumission cautionnée D48**, de les fournir dans un délai de 1 à 4 mois.

La téléprocédure offre deux avantages supplémentaires avec :
- la possibilité d'anticiper les déclarations jusqu'à 10 jours avant l'arrivée ou le départ des marchandises et donc de mieux organiser le dédouanement ;
- la simplification des cautionnements avec une caution globale gérée par le téléservice TRIGO.

(B) Les obligations logistiques

Elles imposent d'acheminer les marchandises vers le **bureau de douane** où sont transmis le DAU et les documents requis. Le choix de ce bureau obéit à un double critère :
- de proximité géographique par rapport à l'entreprise ;
- de compétence fonctionnelle avec la distinction ;
  - des bureaux spécialisés dans certaines marchandises ou procédures ;
  - des bureaux de plein exercice ouverts à toutes les opérations sauf celles relevant des bureaux spécialisés.

Exemple

L'importation de poissons est généralement soumise à un contrôle vétérinaire qui impose le passage par un bureau spécialisé.

(C) La validation des déclarations

À réception de la déclaration électronique, le service des douanes vérifie sa régularité, les documents transmis, ainsi que la compétence du bureau. Il décide :
- soit de l'admettre pour conforme et délivre le BAE (bon à enlever) ;
- soit de procéder à un contrôle documentaire ou physique.

Ce contrôle débouche sur un BAE s'il ne constate aucune anomalie, infraction ou erreur ou sur des suites contentieuses dans le cas contraire.

3 Les procédures simplifiées

Outre un traitement particulier des envois postaux avec la déclaration CP72, la douane propose des solutions de dédouanement moins contraignantes au travers des procédures simplifiées : procédures de dédouanement à domicile (**PDD**), de déclaration simplifiée (**PDS**) ou encore de domiciliation unique (**PDU**).

Le principal apport de la PDS est de simplifier et d'accélérer les formalités déclaratives avec la possibilité d'effectuer des déclarations anticipées. Or, la télé-procédure Delt@ D (Delt@ Domiciliée) est ouverte à toutes les procédures simplifiées tant à l'importation qu'à l'exportation : elle ôte donc tout intérêt à la PDS et signe sa disparition.

(A) Les conditions d'octroi des procédures domiciliées

Pour bénéficier de ces procédures si domiciliées, l'entreprise doit :

- formuler une demande auprès du receveur des douanes territorialement compétent ;
- présenter des garanties financières et de moralité fiscale ;
- disposer d'un crédit d'enlèvement.

En cas d'accord, la douane et l'entreprise signent une convention qui indique les conditions de fonctionnement de la procédure et notamment le délai d'intervention de la douane.

(B) Les avantages des procédures domiciliées

Ils s'apprécient au niveau logistique et administratif.

Sur le plan logistique, la PDD contribue à réduire les délais et les ruptures de charges :

- elle évite le passage par le bureau de douane ;
- elle autorise l'expédition des marchandises exportées 24 heures sur 24 sans information du service des douanes dans la plupart des cas ;
- elle permet le déchargement des marchandises importées et leur libre disposition à l'expiration du délai défini par la convention.

Sur le plan administratif, la PDD limite les formalités :

- chaque importation ou exportation donne lieu à une déclaration électronique simplifiée qui se substitue à l'inscription en comptabilité matière.
- une déclaration complémentaire globale couvrant une période maximale d'un mois, résulte de l'agrégation de ces déclarations.

La PDU facilite la pratique de la PDD pour des firmes ayant des filiales, en autorisant qu'un seul établissement centralise toutes les formalités et documents. La **PDUC** (PDD avec domiciliation unique communautaire) élargit le champ d'action de la PDU et couvre des opérations qui se déroulent dans plusieurs états-membres.

18

Les documents douaniers

Les opérations douanières avec les pays tiers (exportations, importations, transit, etc.) nécessitent l'accomplissement de formalités qui se traduisent par la présentation de documents douaniers.

1 Le DAU

Le Document administratif unique (DAU) est un formulaire douanier, harmonisé au niveau de l'Union européenne.
Il est utilisé pour déclarer les opérations entre l'Union et les pays tiers, les départements d'outre-mer et les îles anglo-normandes, etc. Il n'intervient plus pour les relations intracommunautaires.
Avec l'informatisation des procédures de dédouanement, le nouveau DAU comporte moins de données exprimées sous forme littérale et codifiée et structurées de la même façon dans tous les états-membres, dans un souci d'harmonisation des données statistiques et réglementaires.

(A) Les informations relatives à l'opération

- Identification des opérateurs : expéditeur/exportateur ou destinataire, déclarant/représentant ;
- caractéristiques du contrat commercial :
  - nature de la marchandise avec le numéro de nomenclature, une désignation en clair et une codification très détaillée des emballages en application des mesures de sécurité,
  - caractéristiques physiques du produit et son origine (à l'importation et transit),
  - montant du contrat avec la valeur en EUR, l'incoterm, le cours de conversion en cas de facturation en devises et la méthode d'évaluation de la valeur en douane ;
- caractéristiques de l'opération au niveau logistique :
  - informations relatives à l'acheminement avec identification des intervenants,
  - désignation des différents lieux concernés par l'opération (lieu de chargement, bureau de douane d'entrée…).

B) Les choix douaniers de l'entreprise

Le régime douanier affecté à la marchandise figure sous une forme codifiée avec mention :

- de la nature de l'échange, à savoir le type d'opération (importation, exportation…) et le pays impliqué (pays tiers, membre de l'AELE…) ;
- du type de procédure utilisée (normale ou simplifiée) ;
- du transit communautaire le cas échéant.

CONSEIL
Pour plus de renseignements, consultez le site de la douane (www.douane.gouv.fr) à la rubrique « entreprises »/« Vos opérations à l'extérieur de l'Union européenne »/« En savoir plus sur le document administratif unique (DAU) ».

2 Les documents accompagnant le DAU

Ces documents sont joints à la déclaration ou archivés par l'entreprise selon les règles prévues dans la convention d'agrément qui définit les conditions pratiques des télédéclarations.

A) Les documents justificatifs

Ces documents attestent les mentions portées sur le DAU :

- facture commerciale ;
- déclaration de valeur DV1 (si la valeur en douane excède 10 000 EUR) ;
- documents de transport ;
- liste de colisage.

B) Les autres documents

Ils peuvent être exigés par la spécificité de l'opération :

- certificat d'origine ;
- document communautaire de surveillance (DCS), licence d'importation… en cas de mesures de contrôle du commerce extérieur.

3 Quelques autres documents douaniers

Certificats EUR1, EUR MED, A.TR	Certificats de circulation visés par la douane. Preuves de l'origine des produits dans les relations entre l'Union européenne, l'AELE et les pays signataires d'accords d'association ou préférentiels. Certificats A.TR spécifiques aux opérations avec la Turquie.
Certificat d'origine « Form A »	Justificatif de l'origine pour les produits bénéficiant à l'entrée dans l'Union européenne du « Système de préférences généralisées » en faveur des PVD.
Certificat d'origine communautaire	Justificatif de l'origine communautaire des produits visé par une Chambre de commerce et d'Industrie. Attestation nécessaire pour bénéficier, lors de l'importation dans certains pays tiers, des conditions préférentielles négociées dans le cadre d'accords commerciaux avec l'Union.
Carnet ATA (Admission temporaire/tempory admission)	Document allégeant les formalités douanières et dispensant de droits et taxes, les échantillons commerciaux, matériel d'exposition et professionnel circulant dans les pays signataires de l'accord.
Carnet TIR (Transit international routier)	Document couvrant le régime TIR qui permet le transit de frontière à frontière avec allégement des formalités douanières (pas de déclaration, pas de contrôle de la marchandise sauf présomption de fraude).
Document communautaire de surveillance (DCS) Licence d'importation Licence d'exportation	Documents de contrôle du commerce extérieur exigés pour les marchandises faisant l'objet de mesures particulières édictées par l'Union et relatives aux échanges avec les pays tiers.
Soumission D48	Engagement cautionné de produire dans un délai convenu un document manquant à la déclaration en douane
Demande de RTC (Renseignement tarifaire contraignant)	Demande destinée à solliciter l'avis de la douane sur le classement tarifaire des produits.
Demande de RCO (Renseignement contraignant sur l'origine)	Demande pour obtenir l'avis de la douane sur l'origine des produits, qu'ils soient susceptibles ou non de bénéficier de régimes préférentiels.

CONSEILS

La consultation des sites suivants permet de visualiser les documents mentionnés ci-dessus… et bien d'autres !

Sites	Documents
Site de la douane (www.douane.gouv.fr) sous la rubrique « formulaires douaniers »	Spécimens de certificat EUR-MED et de licence d'exportation, soumission D48, demande de RTC, demande de RCO
Site de l'IRU (Union internationale de transports routiers), www.iru.org	Carnet TIR
Site de la CCI de Paris (www.formint.ccip.fr)	Carnet ATA, certificat d'origine
Site de toute CCI	Certificat d'origine

Les documents spécifiques aux relations intra-communautaires sont décrits au Cours 19 *Les échanges intra-communautaires.*

19

Les échanges intracommunautaires

La signature de l'« Acte unique » a posé le principe de la libre circulation des marchandises, des personnes et des capitaux entre les membres de l'Union européenne.

La conséquence en matière douanière a été la suppression des formalités douanières aux frontières intracommunautaires. Ces formalités sont reportées aux frontières de l'Union, où s'applique la politique commerciale commune (Tarif extérieur commun, Code des douanes communautaire, accords entre l'Union européenne et certains pays tiers).
Toutefois, l'harmonisation fiscale n'étant pas achevée (les taux de TVA restent différents d'un pays à l'autre), un régime fiscal transitoire a été institué, qui devait prendre fin en principe en 1997, mais existe toujours.

1 Le régime fiscal transitoire

A La taxation des marchandises

La TVA est liquidée et perçue dans le pays de l'acheteur, et non collectée par le vendeur comme dans le régime intérieur. Cette règle a pour conséquences :

- que les ventes intracommunautaires (« livraisons ») sont exonérées de TVA, comme les exportations ;
- que les achats intracommunautaires (« acquisitions ») sont taxés dans l'État membre d'arrivée.

La règle ci-dessus ne s'applique qu'entre partenaires commerçants, identifiés à la TVA dans leur pays, c'est-à-dire disposant d'un numéro d'identification fiscale. Pour que la facture soit émise HT, cet identifiant de l'acheteur doit y figurer.

Exemple

Les différentes situations de vente entre entreprises vis-à-vis de la TVA peuvent être décrites ainsi :

Achats en France	TVA payée au vendeur	Mais « récupérable » (déductible) par l'acheteur
Achats dans l'UE	TVA payée au fisc	
Achats hors UE	TVA payée en douane	
Ventes en France	Facturation TTC	TVA française
Ventes dans l'UE	Exonération de TVA	Mais due par l'acheteur dans son pays
Ventes hors UE	Exonération de TVA	Mais due par l'acheteur dans son pays, si elle existe

Dans les autres situations que la vente inter-entreprises (*B to B*), par exemple en cas de vente à distance à des particuliers, la TVA est facturée par le vendeur au taux applicable dans son pays. Quelques exonérations demeurent cependant, en particulier pour l'avitaillement des navires.

(B) La taxation des prestations de services

- Le **transport intracommunautaire** lié aux livraisons/acquisitions a fait l'objet de réglementations particulières, afin de limiter les contraintes fiscales pour les transporteurs.
  La TVA est due dans l'État membre de départ, sauf si le transport est réalisé au bénéfice d'un « preneur » (celui pour qui la prestation de service est réalisée) identifié dans un autre État membre. La taxation est réalisée sur la facture du prestataire s'il est identifié dans le pays où la TVA est due, et sur la déclaration récapitulative du preneur dans les autres cas.

Exemple pour un exportateur français :

- Vente en Belgique, incoterm CPT, transporteur français : la France est le pays de départ, le preneur et le transporteur sont français : la facture du transporteur comporte la TVA.
- Vente en Belgique, incoterm EXW, transporteur français : le preneur est belge, le transporteur français : la facture de transport est hors TVA française. La TVA sera acquittée en Belgique.

- Les **prestations directement liées à une expédition intracommunautaire** (transport d'approche, manutention, groupage) sont exonérées dans le pays de départ elles aussi.
- Pour les **autres prestations de services**, la TVA est due dans le pays où elles sont réalisées, quel que soit le pays d'identification du preneur. Toutefois, les entreprises qui seraient amenées à acquitter de la TVA dans un pays où elles ne sont pas identifiées (à l'occasion par exemple de leur participation à un salon à l'étranger) peuvent en obtenir le remboursement directement auprès de cet État-membre.

2 Les formalités fiscales

A La déclaration périodique de chiffre d'affaires

Les formalités en frontière ayant disparu, l'acheteur mentionne directement la TVA liée aux acquisitions intracommunautaires sur sa déclaration périodique de chiffre d'affaires, comme pour la TVA collectée. Il y indique le montant des acquisitions intracommunautaires, et calcule lui-même la TVA correspondante.

B La déclaration d'échanges de biens (DEB)

Pour contrôler les déclarations périodiques de chiffre d'affaires, et pour établir les statistiques du commerce intracommunautaire, l'administration a besoin de documents descriptifs de ces opérations. En France, la « déclaration d'échanges de biens entre États membres de la Communauté » remplit cette double fonction. Dans les autres pays de l'Union, coexistent un document fiscal et un document statistique (dit « Intrastat »).

Cette déclaration récapitulative mensuelle est remplie par toutes les entreprises assujetties à la TVA ayant réalisé dans la période un montant d'opérations de livraison ou d'acquisition dépassant un certain seuil. Elle fait apparaître pour chaque opération l'identifiant TVA du partenaire, ce qui permet les recoupements.

Des informations plus ou moins détaillées sont fournies ensuite, quatre niveaux d'obligation différents ayant été prévus en fonction des volumes d'opérations réalisés.

La DEB, dite aussi « déclaration unique statistique et fiscale », doit parvenir à l'administration des douanes avant le dixième du jour du mois suivant la fin de la période concernée. Elle peut être remplie directement en ligne sur le site de la Douane.

exercices

4.1 Vérifiez vos connaissances

Travail à faire

Exercice : Cochez la (ou les) bonne(s) réponse(s)

A) Dans les échanges intracommunautaires, les droits de douane sont :

❑ identiques à ceux appliqués aux produits d'origine hors Union européenne,

❑ inférieurs à ceux appliqués aux produits d'origine hors Union européenne,

❑ nuls.

B) Les taux de TVA auxquels sont soumis les produits importés en France sont :

❑ nuls,

❑ identiques à ceux appliqués aux produits français similaires,

❑ supérieurs à ceux appliqués aux produits français similaires.

C) Le délai consenti pour dédouaner une marchandise importée est de :

❑ un jour ❑ deux jours ❑ trois jours

D) Vous importez 100 000 EUR CIF Anvers, de marchandises que vous dédouanerez à Lille. Le TEC est de 4 % et ces produits sont passibles d'une TVA au taux de 19,6 %. Le fret Anvers-Lille coûte 500 EUR HT. Quel est le montant des droits et taxes dus ?

❑ droits de douane = 4 000 EUR ❑ TVA = 19 600 EUR

❑ droits de douane = 4 020 EUR ❑ TVA = 19 698 EUR

❑ droits de douane = 4 784 EUR ❑ TVA = 20 384 EUR

❑ droits de douane = 4 808 EUR ❑ TVA = 20 482 EUR

E) Vous fabriquez des boîtiers électriques et vous venez de conclure un contrat de vente avec un acheteur syrien. Vous confiez leur acheminement, au transporteur routier Favaert. Quel régime douanier sollicitez-vous ?

❑ régime du carnet ATA ❑ transit commun

❑ transit routier international (TIR) ❑ transit communautaire externe

F) Votre entreprise implantée à Reims importe des composants des États-Unis *via* Rotterdam. Le trajet Rotterdam-Reims s'effectue par route. Elle bénéficie d'une PDD (Procédure de dédouanement à domicile). Quel régime est demandé à l'arrivée des marchandises dans l'Union européenne ?

❑ transit communautaire interne ❑ régime du carnet ATA

❑ transit communautaire externe ❑ perfectionnement actif

❑ transit routier international (TIR) ❑ régime des retours

G) Pour bénéficier d'une importante remise sur quantité, votre entreprise importe des produits qu'elle écoulera en l'état sur le marché national sur une période de 6 mois. Quel est le régime douanier le mieux adapté ?

❑ entrepôt sous douane ❑ transit communautaire interne

❑ perfectionnement actif ❑ admission temporaire

❑ perfectionnement passif ❑ régime des retours

H) L'entreprise française Sadec a vendu des cosmétiques à une société canadienne avec paiement par remise documentaire. Elle expédie les marchandises mais l'acheteur ne lève pas les documents. L'entreprise Sadec décide de rapatrier les cosmétiques. Quel régime douanier doit-elle demander lors de la réimportation ?

❑ mise en libre pratique ❑ admission temporaire
❑ mise à la consommation ❑ régime des retours
❑ perfectionnement passif ❑ perfectionnement actif

I) Vous importez des saumons pour les fumer ou les mariner. Vous exportez 40 % de la production et vendez le reste en Union européenne. Quel régime douanier sollicitez-vous ?

❑ perfectionnement passif ❑ l'admission temporaire
❑ perfectionnement actif rembours ❑ perfectionnement actif suspension

J) La firme française Voga achète CIP Marseille des résines, à son fournisseur britannique Smith Ltd. Ce dernier les importe de Taiwan et les place sous le régime de la libre pratique à leur arrivée en Union européenne. Pour Voga, cette opération nécessite le paiement :

❑ des droits de douane ❑ des droits de douane et de la TVA française
❑ de la TVA française ❑ d'aucune imposition

4.2 *Mettez en application*

Exercice 1

Une entreprise, implantée au Havre, importe de Chicago aux États-Unis, des pièces détachées afin de procéder à des réparations dans les plus brefs délais.

Travail à faire

Vous devez évaluer les droits et taxes que supportent ces produits dédouanés à Roissy à partir des informations suivantes :

- valeur CIP Roissy : 50 000 EUR ;
- coefficient d'aéroport : 71 ;
- fret New-York – Roissy : 8 000 EUR (assurance comprise) ;
- post-acheminement Roissy-Le Havre : 500 EUR ;
- TEC à 5 % et TVA au taux de 19,6 %.

Exercice 2

Les Moulins du Lauragais, 7e meunier français, sont spécialisés dans la transformation du blé en farine dont un tiers est livré sur le marché intérieur et le reste, exporté en Afrique. En prévision de la livraison de 2 000 tonnes de farine en Mauritanie, 40 000 sacs d'origine indienne ont été importés et dédouanés le 10 novembre. Vous disposez des informations suivantes :

Article	Sacs polypropylène/papier, ourlet au sommet, couture au fond, blanc opaque
Quantité	40 000 pièces
Prix	USD 59,00 par 100 pièces DDU Vilhaillac, France
Fret Rotterdam-Vilhaillac	1 222 EUR
Droits de douane et taxes	TEC = 7,2% et TVA : 19,60 %
Taux de change à appliquer	1 EUR = 1,2025 USD

D'après sujet de BTS Commerce international.

Travail à faire

A) Calculez le montant des droits et taxes dus pour cette importation dédouanée à Vilhaillac.

B) Déterminez le coût de revient de cette importation.

Exercice 3

Les Cimenteries de l'Est, implantées dans la région de Nancy, sont confrontées à de nouvelles normes environnementales qui leur imposent de mieux contrôler la composition des fumées rejetées dans l'atmosphère. Le service des achats a recherché des fournisseurs de dispositifs de contrôle et a retenu 3 offres très comparables au niveau des caractéristiques techniques des matériels. La sélection du fournisseur dépend donc du prix proposé.

Travail à faire

Sur cette base, quelle offre retenez-vous ?

Récapitulatif des offres

Fournisseurs	Minota – Japon	Grutbehl – Pays-Bas	Misushi – Japon
Conditions de livraison	FOB Tokyo	FCA Amsterdam	DDU Nancy
Prix	78 000 EUR	82 000 EUR	81 000 EUR
Acheminement principal	Mer	Route	Mer

Informations obtenues du transitaire

Acheminement Tokyo – Nancy		Acheminement Amsterdam – Nancy	
Fret maritime Tokyo – Anvers	1 700 EUR	Fret Amsterdam – Nancy	800 EUR
Assurance	0,9 % de valeur facturée	Assurance	0,5 % de la valeur facturée
Fret Anvers – Nancy	400 EUR	TEC de 4 % et TVA au taux de 19,6 %	
Bureau de douane	Nancy		

4.3 *Passez le BTS*

Exercice

Une entreprise lyonnaise spécialisée dans le textile, Sympex, importe une chaîne de tissage d'un montant de 100 000 USD FCA New York. Cette machine est débarquée à Rotterdam et acheminée par route de Rotterdam à Lyon où elle est dédouanée.

Travail à faire

1. Quels régimes douaniers seront sollicités pour cette opération et quels documents douaniers seront utilisés ?

2. Après quelques semaines d'utilisation, l'un des composants de la chaîne tombe en panne et le fournisseur propose de le réparer aux États-Unis.
Quel régime douanier faudra-t-il demander pour éviter les impositions douanières au retour de la pièce en Union européenne ?

3. Sympex participe à une opération de promotion des produits régionaux organisée par la CCI de Lyon au Canada. Des brochures, des échantillons de tissus et des vêtements seront présentés à une clientèle de professionnels.
Quelle est la meilleure solution douanière ?

4. Sympex exporte du tissu au Vietnam où sont confectionnées des jupes qu'elle importe pour les revendre à hauteur de 40 % dans l'Union européenne et 60 % hors Union européenne.
Que conseillez-vous ?

5. La prochaine opération porte sur 5 000 jupes qui nécessitent 10 EUR de tissu chacune. Les charges supportées par le partenaire au Vietnam atteignent 3 EUR par jupe. Les frais de logistique s'élèvent à 1 200 EUR de Lyon à Hanoi et de 1 000 EUR pour le retour. Les informations douanières indiquent des droits de douane de 8 % sur le tissu et 12 % sur les jupes et une TVA au taux normal.
Évaluez les droits et taxes dus sur les jupes selon les principes de la taxation différentielle et de la taxation de la plus-value. Quelle modalité préconisez-vous ?

4.1 Vérifiez vos connaissances

A) Les droits de douane sont nuls pour tous les échanges intracommunautaires. Seules les taxes nationales doivent être acquittées.

B) Le même taux de TVA est appliqué aux produits similaires nationaux ou importés au nom de la non discrimination fiscale des producteurs étrangers.

C) Le délai pour dédouaner à l'importation est de 1 jour franc après l'arrivée des marchandises au bureau de douane.

D) Les droits de douane se calculent sur la valeur en douane :
Valeur en douane = valeur d'entrée en Union européenne = CIF Anvers = 100 000 EUR
Droits de douane = 100 000 × 4% = 4 000 EUR.
Assiette de TVA = valeur au lieu de dédouanement (Lille) = valeur en douane + fret Anvers-Lille + droits de douane = 100 000 + 4 000 + 500
TVA = 104 500 × 19,6% =20 482 EUR.

E) Le régime TIR convient puisque le trajet s'effectue par route entre un pays-membre de l'Union européenne et un pays tiers dont il faudrait vérifier sa ratification de la convention TIR.

F) Il faut demander un transit communautaire externe pour acheminer une marchandise tierce de Rotterdam à Reims où elle sera dédouanée puisque l'entreprise bénéficie d'une PDD. Le transport s'effectue sous contrôle douanier et en suspension de droits et taxes.

G) Le régime d'entrepôt permet de stocker les produits en suspension de droits et taxes et de les dédouaner au fur et à mesure de leur utilisation.

H) Avec le régime des retours, la réimportation des cosmétiques, dans leur état initial, s'effectue en franchise de droits et taxes.

I) Le perfectionnement actif rembours permet de récupérer les droits de douane payés sur les saumons importés qui ont été fumés ou marinés puis exportés. Un perfectionnement actif suspension exigerait que tous les saumons importés et transformés soient ensuite exportés.

J) Smith Ltd a acquitté les droits de douane lors de la mise en libre pratique. La firme française Voga doit seulement payer la TVA française.

4.2 *Mettez en application*

Exercice 1

CONSEIL
Un schéma facilite la perception du retraitement à opérer en fonction du coefficient d'aéroport pour passer de la valeur facturée à la valeur en douane.

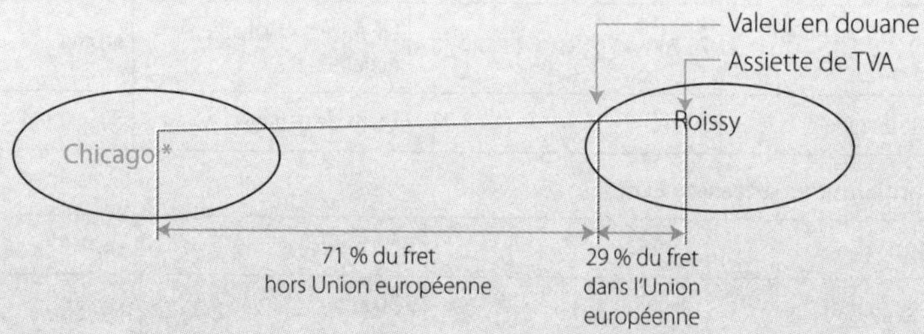

Valeur en douane = 50 000 – (0,29 × 8 000) = 47 680 EUR
Droits de douane = 47 680 × 5% = 2 384 EUR
Assiette de TVA = 50 000 + 2 384 = 52 384 EUR
TVA = 52 384 × 19,6% = 10 267 EUR

Exercice 2

A) Calculs des droits et taxes

CONSEIL
N'oubliez pas de prendre en compte l'incoterm du contrat pour retraiter le montant facturé et obtenir la valeur en douane.

Éléments	Calculs	EUR
1. DDU Vilhaillac 2. Transport Rotterdam – Vilhaillac	(59 USD × 400)/1,2025	19 625,78 – 1 222,00
3. Valeur en douane 4. Droits de douane	(1) – (2) = 18 403,78 (3) × 7,2 % = 1 325,09	18 404,00 1 325,00
5. Assiette de la TVA 6. TVA	(1) + (4) = 20 950,78 (5) × 19,6 % = 4 106,40	20 951,00 4 106,00
7. Montant total des droits et taxes	(4) + (6)	5 431,00

B) Coût de revient rendu Vilhaillac = 19 625,78 + 1 325,00 = 20 950,78 EUR
Le coût n'inclut pas la TVA qui sera récupérée par les Moulins de Lauragais.

Exercice 3

Pour comparer les offres, il convient de prendre en compte les droits de douane (sauf pour le fournisseur néerlandais !) ; en revanche, la TVA ne constitue pas un élément de coût puisqu'elle est récupérée.

Évaluation des droits de douane

Minota			Misushi	
CFR Anvers Assurance	78 000 + 1 700 = 78 000 × 0,9 % =	79 700 702	DDU Nancy Fret Anvers – Nancy	81 000 – 400
CIF Anvers = valeur en douane	79 700 + 702 =	80 402	CIF Anvers = valeur en douane	80 600
Droits de douane	80 402 × 4 % =	3 216	Droits de douane	80 600 × 4 % = 3 224

Comparaison des offres en EUR

Éléments	Minota	Grutbehl	Misushi
Valeur du contrat	78 000	82 000	81 000
Fret	1 700 + 400 = 2 100	800	
Assurance	702	(82 000 × 0,5 %) = 410	
Droits de douane	3 216		3 224
Coût de revient	84 018	83 210	84 224

Le critère retenu amène à retenir l'offre néerlandaise légèrement moins onéreuse (de 1 à 1,2 % par rapport aux offres de Minota et Misushi). De plus, la proximité constitue un avantage en termes d'assistance technique.

4.3 *Passez le BTS*

1.

Lieu	Régime douanier	Document douanier	Conséquence
Rotterdam	Transit communautaire externe	DAU T1	Pour pouvoir acheminer la machine en suspension de droits et taxes de Rotterdam à Lyon où elle est dédouanée
Lyon	Mise en libre pratique et mise à la consommation	DAU	Pour utiliser la machine en France

2. Le régime demandé doit éviter la taxation de la machine lors de sa réimportation en Union européenne. Il faut donc solliciter le régime des retours selon la modalité « exportation sous réserve de retour » pour ne pas subir cette imposition.

3. Le régime de circulation des échantillons commerciaux sous carnet ATA constitue la meilleure solution. Le carnet ATA est délivré par les CCI à titre onéreux. Ses feuillets valent déclarations douanières et simplifient les formalités aux frontières. Ce régime permet de bénéficier d'une exonération de droits et taxes.

4. Le régime de perfectionnement passif permet à Sympex de réduire les droits de douane sur les jupes importées selon le principe de la taxation différentielle ou de la taxation sur la plus-value acquise.

5. Évaluation des droits et taxes dus :

Taxation différentielle			Taxation de la plus-value acquise		
Éléments	Calculs	Montants	Éléments	Calculs	Montants
Valeur du tissu Frais du sous-traitant Fret retour	10 × 5 000 3 × 5 000	50 000 15 000 1 000	Frais du sous-traitant Fret retour		15 000 1 000
Valeur des jupes à l'entrée de l'UE		66 000	Plus value acquise		16 000
Droits de douane sur les jupes Droits théoriques sur le tissu	66 000 × 12 % 50 000 × 8 %	7 920 4 000			
Droits de douane dus	9 120 – 4 000	3 920	Droits de douane dus	16 000 × 12 %	1 920
Assiette de TVA	15 000 + 1 000 + 3 920	19 920	Assiette de TVA	15 000 + 1 000 + 1 920	17 920
TVA	19 920 × 19,6 %	3 904	TVA	17 920 × 19,6 %	3 512

Il vaut mieux demander une taxation de la plus-value acquise. Cette solution permet d'économiser 2 000 EUR au niveau des droits de douane et de réduire la TVA à l'importation de 392 EUR par rapport à la taxation différentielle.

20

Les instruments de paiement

Les instruments de paiement désignent la forme matérielle qui sert de support au paiement. Le chèque et les effets de commerce ont une réalité physique. Le développement de l'échange de données informatisées entre les banques fait progressivement disparaître ces supports matériels au profit de transactions entièrement informatisées comme le virement SWIFT. Si, certaines dispositions protègent le vendeur de l'insolvabilité de son client, aucun instrument de paiement n'élimine le risque politique.

1 Le chèque

Le **chèque** est un ordre écrit inconditionnel de payer à vue une somme déterminée à son bénéficiaire.

A Les différentes formes de chèque

Il peut prendre deux formes :
- le chèque d'entreprise émis par l'importateur éventuellement certifié par la banque tirée qui s'engage alors à bloquer la provision jusqu'à l'expiration du délai légal de présentation ;
- le chèque de banque émis par une banque sur instructions de l'importateur et qui représente un engagement direct de paiement de celle-ci.

B Les modalités d'encaissement des chèques

Il est encaissé selon deux modalités :
- **SBF** (Sauf Bonne Fin) entraîne le versement du montant du chèque sur le compte de l'exportateur dès sa présentation (ou au terme d'un certain nombre de jours de valeur). En cas de défaut de paiement du client, la banque récupère le montant versé et les frais engagés ;
- **CAE** (Crédit Après Encaissement) conditionne le crédit du compte de l'exportateur à la réception de l'avis de débit de la banque tirée.

La première alternative est plus avantageuse pour l'exportateur en terme de trésorerie.

(C) Les avantages et inconvénients du chèque

Avantages et inconvénients du chèque

	Avantages	Inconvénients
Coût		Frais d'encaissement pour l'exportateur. Longs délais d'encaissement (un chèque reçu d'un client américain repart aux USA pour compensation et paiement).
Risques	Pièce juridique facilitant un éventuel recours contre l'importateur. Sécurité de paiement du chèque de banque.	Initiative de l'émission du chèque laissée au client. Risques matériels (perte, vol, falsification). Risque de non paiement du chèque d'entreprise. Diversité des règles, statut et pratiques selon les pays malgré la loi uniforme sur les chèques. Exemple : absence de répression pour opposition non justifiée en Allemagne.

CONSEIL
Il vaut mieux limiter le recours au chèque sauf si les habitudes locales l'exigent.

2 Les effets de commerce

(A) Les principaux effets de commerce

Les **effets de commerce** existent sous deux formes principales.
La **lettre de change** est un écrit par lequel un tireur (exportateur) donne ordre à un tiré (importateur) de payer à vue ou à une date déterminée (échéance) une certaine somme (nominal) à lui-même ou à un tiers.
Certains importateurs tardent à accepter les traites et ne les retournent qu'après l'arrivée des marchandises même si la vente a été conclue selon un incoterm de vente départ. La solution consiste à passer par un intermédiaire (banque ou agent de l'exportateur) afin d'accélérer l'**acceptation**.
Pour sécuriser le paiement, l'exportateur peut réclamer à son client un **aval bancaire** (traite avalisée) par lequel la banque s'engage à payer à la place du client défaillant.

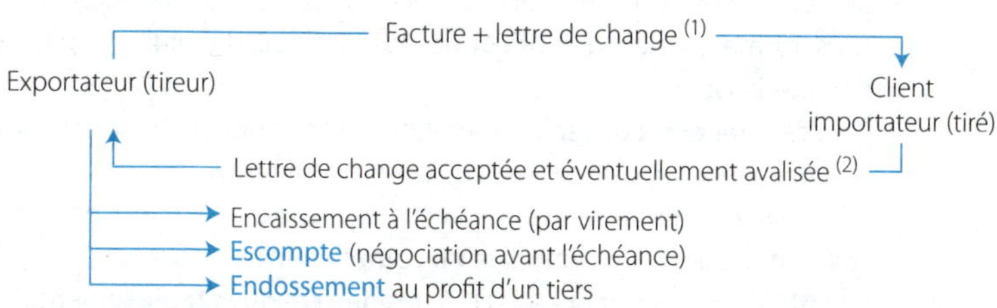

Le **billet à ordre** est un écrit émis par un souscripteur (importateur) en faveur d'un bénéficiaire (exportateur). Hormis cette différence essentielle, il présente les mêmes caractéristiques que la lettre de change mais cette différence explique qu'il soit peu utilisé dans les transactions commerciales internationales.

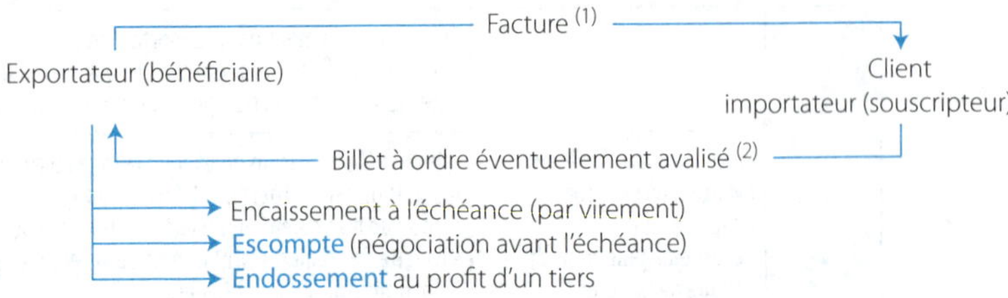

(B) Avantages et inconvénients de la lettre de change

Avantages et inconvénients de la lettre de change

	Avantages	Inconvénients
Coût	Possibilité de négociation à un taux intéressant en cas de difficultés de trésorerie.	Retard dans l'acceptation qui empêche la négociation et engendre des difficultés de trésorerie. Délai d'encaissement long. Droit de timbre parfois élevé voire prohibitif.
Risques	Émission par l'exportateur. Pièce juridique pouvant éventuellement faciliter le recours contre l'importateur. Sécurité de paiement de la traite avalisée.	Risque de non paiement en l'absence d'aval. Diversité des traitements juridiques selon les pays.

CONSEIL
Il convient de bien connaître les pratiques et règles locales avant de choisir cet instrument de paiement.

3 Le virement

Le **virement** est un ordre donné par un acheteur (importateur) à son banquier de débiter son compte pour créditer celui du vendeur. Même s'il existe toujours sous forme papier, il fonctionne aujourd'hui, de plus en plus sous forme dématérialisée.

Pour faciliter et sécuriser les opérations, les opérateurs bancaires ont conçu une codification internationale des intervenants au travers :

- de l'**IBAN** (International bank account number) qui correspond à un numéro d'identification internationale du compte bancaire ;
- du **BIC** (Bank identifier code) qui désigne chaque établissement financier.

(A) Les principaux types de virements

• L'IPI (International payment instructions)

Ce formulaire standard de virement est complété par l'exportateur et transmis avec la facture, au client étranger qui le communique à sa banque pour un règlement rapide dit STP (Straight through payment). Il est réservé aux pays du CESB (Comité européen de standardisation bancaire) et requiert que les partenaires s'entendent bien sur les conditions de son utilisation.

• Le virement SEPA (Single euro payment area)

Il résulte de la mise en place de standards harmonisés pour les paiements en Europe. Il est utilisable pour les transactions en euros, entre deux comptes domiciliés dans des établissements bancaires de cette zone.
Les banques s'engagent sur un délai d'exécution maximal de 3 jours, une transparence des conditions et tarifs et un coût identique des virements quelle que soit leur destination.

• Le virement SWIFT (Society for worldwide interbank financial telecommunications)

Ce virement est constitué d'un message électronique qui circule par un réseau de télécommunications privées gérées par ordinateurs. Il est à la fois le plus ancien et le plus usité de ce type de virement.

(B) Les avantages et inconvénients des virements

Avantages et inconvénients des virements

Avantages	Fonctionnement 24 heures sur 24 Facilité d'utilisation Fiabilité de transmission Rapidité de paiement Coûts d'émission et d'encaissement variables selon les pays mais réduits.
Inconvénients	Initiative du paiement laissée au client Information de l'exportateur à réception de l'avis de crédit de son compte ce qui gêne les relances éventuellement nécessaires.

MÉMO
Attention à ne pas confondre instruments et techniques de paiement : les premiers ne sont que support de paiement alors que les techniques définissent le cadre de leur utilisation.

21

Les techniques de paiement

Tout paiement est assorti d'un risque de… non paiement : insolvabilité du client, faillite bancaire ou encore non-transfert des devises. Les techniques de paiement visent à le réduire en assurant une sécurité plus ou moins grande dans le recouvrement des fonds. Les plus sûres d'entre elles sont également les plus coûteuses et les plus difficiles à mettre en œuvre.

Ces techniques diffèrent également par leur logique : les techniques documentaires associent le paiement à la fourniture de documents conformes aux engagements pris indépendamment de la réalisation matérielle du contrat.

1 *L'encaissement simple*

Ⓐ *Fonctionnement de l'encaissement simple*

L'exportateur envoie à son client une facture accompagnée éventuellement d'une lettre de change (traite) notamment lorsqu'un délai de paiement a été consenti. Le client paie par chèque ou, plus couramment, par virement.

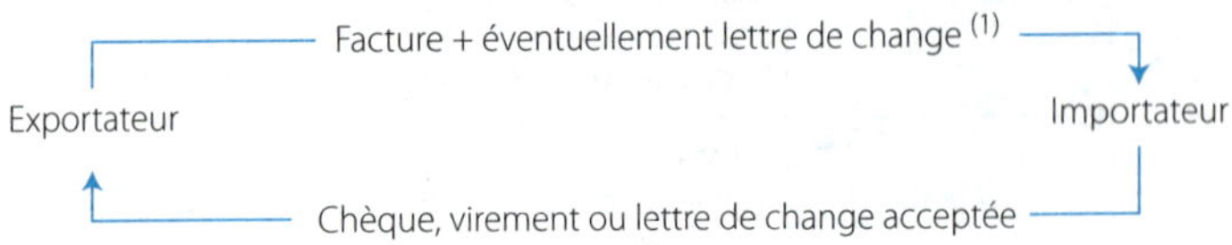

CONSEIL
Il est important de reconnaître la technique de paiement mise en œuvre et l'instrument utilisé. Un paiement par virement peut être associé à toutes les techniques. Sans autre indication (référence à un crédit documentaire par exemple), il indique un encaissement simple.

Ⓑ Intérêt et limites de l'encaissement simple

Cette technique est simple et peu coûteuse mais elle comporte un risque de non paiement et de retard de paiement car l'initiative du règlement appartient au client.
Pour tenir compte de l'éventuelle insolvabilité du client, il existe deux types de précautions :
- une utilisation de l'encaissement simple réservée aux seuls clients sûrs ;
- une sécurisation par :
  - une **lettre de garantie bancaire** par laquelle la banque émettrice s'engage à payer irrévocablement et inconditionnellement en cas de défaillance du client,
  - un paiement d'avance ou un **acompte** à la commande ;
  - l'utilisation d'une lettre de change avalisée, une assurance-crédit.

2 La remise documentaire

La **remise documentaire** ou encaissement documentaire est une procédure bancaire codifiée par la Chambre de Commerce Internationale dans sa brochure « Règles uniformes relatives aux encaissements » (publication 522). Elle est fondée sur le principe que le client n'obtient les documents relatifs à l'opération que contre paiement ou acceptation d'une traite.

Ⓐ Fonctionnement de la remise documentaire

La remise documentaire associe la remise des documents à deux modalités de réalisation :
- **documents contre Paiement (D/P)** dans le cas d'un paiement comptant ;
- **documents contre Acceptation (D/A)** c'est-à-dire avec acceptation d'une traite liée à un paiement différé.

Elle comporte différentes étapes reprises dans le schéma suivant.

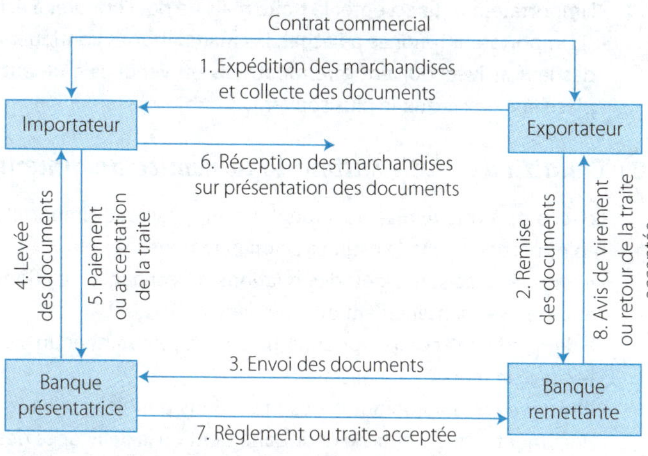

CONSEIL
Pour bien comprendre le déroulement d'une remise documentaire, il convient de repérer les 4 parties en présence :
- l'exportateur,
- sa banque = **banque remettante**,
- l'importateur,
- sa banque = **banque présentatrice**.

(B) Intérêts et limites de la remise documentaire

Pour l'importateur, la remise documentaire offre des garanties similaires à celles d'un crédit documentaire : avec les documents, il peut vérifier que l'exportateur a respecté ses engagements avant de le payer ou d'accepter une traite.
En revanche, le bilan est plus défavorable à l'exportateur pour une raison majeure : l'absence d'engagement bancaire en matière de paiement.
Les intérêts et limites de la remise documentaire s'apprécient à trois niveaux :

• Caractéristiques de la technique

Elle est relativement peu onéreuse.
Elle est plus souple que le crédit documentaire en termes de documents et de dates-butoirs.

• Sécurité des délais

Le retard dans la levée des documents allonge les délais d'encaissement.

• Sécurité de paiement

Elle est plus sûre que l'encaissement simple. Mais :
- elle ne protège pas du risque politique ;
- l'importateur peut accepter la traite mais ne pas l'honorer à échéance ;
- si l'importateur renonce à l'achat, les marchandises continuent de voyager et, dès leur arrivée, doivent être rapatriées ou vendues à un autre acheteur sur place et à prix réduit le plus souvent.

(C) Conditions d'utilisation de la remise documentaire

Le recours à une remise documentaire suppose que l'importateur maîtrise, au moins partiellement, le risque de non paiement.
- Il a noué, avec son client, des relations de confiance, relations commerciales anciennes et sans incident de paiement.
- Il demande un acompte pour un paiement comptant et un aval bancaire dans le cas d'un règlement par traite.
- Il réserve cette technique à des opérations pour lesquelles la possession des documents conditionne le dédouanement ou la délivrance des marchandises.

Exemple

Avec un acheminement maritime sous connaissement, l'importateur doit présenter ce titre de transport, inclus dans la liasse documentaire, pour obtenir les marchandises.
En cas d'acheminement par d'autres moyens, il faut recourir aux services d'un transitaire qui consigne les marchandises afin que l'exportateur en garde le contrôle jusqu'à ce que le client ait payé ou accepté la traite.

3 Le crédit documentaire

Le crédit documentaire est régi par les Règles et usances uniformes relatives aux crédits documentaires (RUU n° 600) élaborées par la Chambre de Commerce Internationale. Il conditionne le paiement à la présentation de documents attestant que les marchandises ont été expédiées ou la prestation de services effectuée dans les conditions conformes au contrat commercial.

A Principe du crédit documentaire

Le crédit documentaire respecte un principe d'égalité entre exportateur et importateur :

- l'exportateur a la certitude d'être payé dans les délais en raison de l'engagement pris par la banque émettrice de payer ou d'accepter un effet s'il présente des documents conformes ;
- l'importateur est sûr que l'exportateur ne sera payé que s'il fournit les documents prouvant qu'il a respecté ses engagements.

Il diffère donc de la remise documentaire sur deux points essentiels :

- la sécurité de paiement par l'engagement bancaire,
- la **sécurité des délais de paiement**.

B Fonctionnement d'un crédit documentaire

Le déroulement d'un crédit documentaire s'opère selon le schéma ci-contre.

CONSEIL

La première réflexion consiste à identifier les 4 parties en présence :

- l'exportateur = **bénéficiaire**,
- sa banque = **banque notificatrice** et éventuellement **confirmatrice**,
- l'importateur = **donneur d'ordre**,
- sa banque = **banque émettrice**.

Ⓒ *Les types de crédit documentaire*

• *Crédit documentaire* ***irrévocable***

Il ne peut être amendé (modifié) ou annulé qu'avec l'accord des parties (importateur, exportateur, banque émettrice) ce qui affirme l'engagement définitif de la banque émettrice de payer même en cas de défaillance de l'acheteur.

• *Crédit documentaire irrévocable et confirmé*

Il est d'abord irrévocable et sa confirmation ajoute à l'engagement de payer de la banque émettrice, celui de la banque notificatrice (dite alors confirmatrice) en cas de faillite de la banque émettrice ou de non transfert. Il élimine tout risque bancaire et politique.

Le **crédit documentaire révocable** disparaît des RUU 600. Il demeure utilisable mais les risques inhérents à la possibilité de le modifier ou de l'annuler de façon unilatérale avant la présentation des documents rendent son usage très marginal et rare.

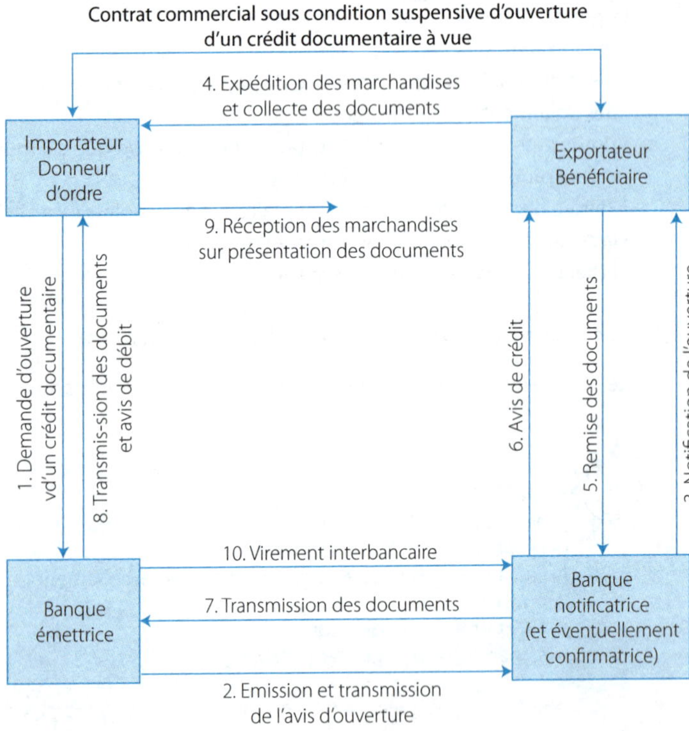

D Modalités de paiement d'un crédit documentaire

Elles précisent :
- le lieu de paiement ;
- le mode de réalisation.

La banque émettrice indique la (ou les) banque(s) désignée(s) pour effectuer le paiement et en choisit ainsi le lieu.

> **CONSEIL**
> Pour l'exportateur, il vaut mieux que sa banque ou à défaut une autre banque nationale soit chargée de ce paiement pour des raisons de délais et de risques.

Les RUU prévoient quatre modes de réalisation d'un crédit documentaire.

Les quatre modes de réalisation d'un crédit documentaire

Caractéristiques du contrat commercial	Modalités de réalisation du crédit documentaire	Conditions du paiement
Vente au comptant	**Paiement à vue**	La banque émettrice ou confirmatrice paie l'exportateur à la remise des documents.
Vente à crédit sans émission de traite(s)	**Paiement différé**	La banque émettrice ou confirmatrice s'engage à payer l'exportateur à l'échéance.
Vente à crédit avec émission de traite(s)	**Paiement par acceptation**	La banque émettrice ou confirmatrice remet, à l'exportateur, une traite acceptée sur elle-même.
Vente à crédit avec ou sans émission de traite(s)	**Paiement par négociation**	L'exportateur reçoit le produit de l'escompte des documents ou de la traite à la remise des documents.

E Les crédits documentaires spéciaux

Ils ont été créés pour répondre aux besoins des opérateurs du commerce international.

• *Crédit « red clause » ou « green clause » :*

La banque notificatrice consent une avance au bénéficiaire avant remise des documents.

• *Crédit revolving ou renouvelable*

Il est automatiquement renouvelé dans sa forme pour couvrir plusieurs expéditions sans qu'il soit nécessaire d'ouvrir un crédit documentaire distinct pour chacune d'elles.

• *Crédit transférable*

Utilisé en cas de sous-traitance ou d'opérations de négoce, ce crédit comporte une clause par laquelle le premier bénéficiaire désigne un ou plusieurs seconds bénéficiaires.

• *Crédit « back to back » ou adossé*

Conçu pour les mêmes opérations que le crédit transférable, le premier crédit documentaire sert de garantie à l'émission d'un ou plusieurs autres crédits ouverts par l'exportateur au profit de ses partenaires.

(F) *Le développement de l'informatisation*

Pour pallier la lourdeur des formalités et la lenteur dans l'acheminement des documents, les transmissions électroniques se développent :

- ouverture électronique du crédit documentaire par un message Swift qui procure deux avantages prépondérants :
  - rapidité ;
  - standardisation des informations autorisant une automatisation des contrôles ;
- dématérialisation des documents dont :
  - la fiabilité est certifiée par des procédés de cryptage et d'authentification des signatures électroniques,
  - les conditions techniques d'utilisation sont précisées par les e-RUU ;
- création de plateformes de traitement des documents électroniques pour les échanges de documents et paiements entre les partenaires.

4 *Les autres techniques de paiement*

Il existe aussi deux autres techniques :

- la **lettre de crédit commerciale (L/C)** ;
- le **contre-remboursement (COD).**

(A) *La lettre de crédit commerciale (L/C)*

La comparaison entre crédit documentaire et lettre de crédit commerciale fait apparaître une similitude et une différence fondamentales.

• *Une similitude*

Engagement de la banque émettrice de payer le vendeur contre remise des documents attestant l'accomplissement de ses obligations.

• *Une différence*

Le fait que la lettre de crédit commerciale ne soit pas régie par les RUU 600, ce qui nécessite de bien vérifier la notoriété de la banque émettrice.

Les Anglo-Saxons utilisent souvent le terme *Letter of credit* pour désigner en fait un crédit documentaire : la référence aux RUU permet de vérifier la technique de paiement utilisée.

(B) Le contre-remboursement (COD)

Cette technique donne mandat au transporteur de récupérer le prix des marchandises livrées. Elle ne se conçoit que pour des opérations marginales dans la mesure où elle soulève des interrogations telles que :
- le transporteur doit-il ou non délivrer la marchandise en cas de refus de paiement ? ;
- que doit-il faire en cas de refus de la marchandise par le client ?

Elle s'avère, de plus, onéreuse avec un coût de l'ordre de 2 à 5 % du montant de l'opération et uniquement praticable avec un acheminement routier ou par voie postale.

> CONSEIL
> Cette technique vaut essentiellement pour des ventes aux particuliers et en Union européenne.

5 La lettre de crédit stand-by (LCSB)

La **lettre de crédit stand by** est régie par les International Stand-by Practices (ISP, brochure n° 590) élaborées par la Chambre de Commerce Internationale ou par les RRU 600 relatives aux crédits documentaires. C'est une garantie bancaire à première demande émise pour garantir l'exécution d'un contrat, c'est-à-dire un engagement irrévocable d'une banque d'indemniser l'exportateur en cas de défaillance de son client. Il ne s'agit donc pas d'une technique de paiement comparable à celles présentées précédemment mais d'une protection contre le risque de crédit qui est reprise à ce titre dans le Cours 24 *La gestion du risque de non-paiement*.

(A) Fonctionnement de la lettre de crédit stand-by

Il comporte deux étapes :
- le client demande à sa banque d'émettre une lettre de crédit stand-by au profit de l'importateur. Ce document précise le montant couvert, la durée de validité de l'engagement bancaire et les documents à fournir pour mettre en jeu la garantie ;
- en cas de non paiement à l'échéance, l'exportateur fournit, à la banque émettrice, les documents prévus, certifie que le client n'a pas respecté son obligation de paiement et obtient, à première demande, le règlement de sa créance.

La lettre de crédit stand-by intervient en cas de défaut de paiement à la différence du crédit documentaire qui correspond à une situation normale de règlement d'un contrat.

(B) Avantages et inconvénients de la lettre de crédit stand-by

> CONSEIL
> La lettre de crédit stand-by protège du risque de non-paiement et ne peut être comparée aux autres techniques de paiement que sur cette seule dimension.

Pour l'exportateur, les avantages s'apprécient à 2 niveaux essentiels :
- une souplesse d'utilisation en raison :
  - de la fourniture d'un nombre limité de documents et de l'acceptation de copies ;
  - du maintien de la validité de la lettre de crédit stand-by même en cas d'expéditions fractionnées ;
  - de sa compatibilité avec des incoterms de vente à l'arrivée ;
- un coût moindre.

Pour le client, la lettre de crédit stand-by comporte deux risques majeurs :
- l'appel abusif à une garantie à première demande puisque la banque n'a pas à s'interroger sur le bien-fondé de la démarche avant de payer ;
- l'examen trop rapide des documents pour déceler les éventuelles anomalies.

> CONSEIL
> La lettre de crédit stand-by se justifie pleinement dans le cadre de contrats commerciaux réguliers.

6 Le choix d'un mode de règlement

Outre le montant de l'opération en cause, ce choix dépend de facteurs internes et externes.

(A) Les facteurs externes

Ils concernent deux éléments :
- les risques encourus
- les usages locaux

- L'évaluation des risques porte à la fois sur :
  - le pays, les banques étrangères pour estimer le risque politique, de non transfert, de faillite bancaire ;
  - le client par des renseignements de notoriété obtenus auprès de différents organismes (banques, compagnies d'assurance-crédit, sociétés de renseigne-

ments commerciaux, Ubifrance, Missions économiques...) et destinés à apprécier sa solvabilité.

- La connaissance des pratiques courantes en matière de paiement dans le pays de l'acheteur (moyens et techniques de paiement utilisés, délais de paiement...) et des coûts associés.

Exemple

Le MOCI publie à la rubrique « Finance », une analyse des solutions préconisées selon les pays. Pour l'Inde, il conseille :

- un crédit documentaire irrévocable avec vérification de la fiabilité de la banque émettrice ;
- une confirmation de celui-ci selon le montant.

Il signale que même si les banques indiennes sont particulièrement tatillonnes dans l'examen des documents, le crédit documentaire offre le meilleur rapport qualité/prix. Toutes les autres solutions sont à proscrire notamment la remise documentaire.
Il souligne l'importante utilisation du virement Swift.

(B) Les facteurs internes

Les facteurs qui exercent une influence significative dans ce domaine sont :

- l'organisation administrative de l'entreprise et son aptitude à gérer ou non des procédures complexes telles que les techniques documentaires,
- la situation de trésorerie et sa capacité à faire face à des incidents et retards de paiement.

Sur ce dernier point, le montant de l'opération joue un rôle déterminant.

Exemple

Pour une première commande d'un montant élevé : choix d'un crédit documentaire irrévocable. Si le pays laisse craindre un problème de transfert de devises, il vaut mieux en demander la confirmation.

MÉMO

Les techniques de paiement définissent les conditions de mise en œuvre des instruments de paiement. Elles offrent des solutions adaptées aux différentes situations :

- encaissement simple pour des relations fiables ;
- remise et surtout crédit documentaires quand il s'agit de sécuriser les paiements et les délais de paiement.

Les procédures documentaires garantissent à l'acheteur, que le paiement du vendeur est subordonné à son respect des engagements pris.

La lettre de crédit stand-by s'inscrit dans une autre logique puisqu'il s'agit, non d'une technique de paiement, mais d'une couverture du risque de non-paiement

Le choix des modalités de paiement doit toujours tenir compte :

- du rapport qualité/prix c'est-à-dire du coût supporté par rapport aux risques encourus ;
- des autres solutions envisageables comme l'assurance-crédit.

22

La gestion des crédits documentaires

Le crédit documentaire assure une grande sécurité et une grande rapidité de paiement, en tout cas sous sa forme usuelle : crédit documentaire irrévocable (et éventuellement confirmé) payable aux caisses de la banque notificatrice. Mais la relative lourdeur de la technique nécessite une grande rigueur de la part des intervenants pour que l'opération se réalise dans les meilleures conditions.

1 Le crédit documentaire export

Le crédit est ouvert par l'acheteur étranger au bénéfice de l'exportateur français. Les étapes essentielles sont les suivantes :

• La demande de paiement par crédit documentaire

C'est en général l'exportateur qui, pour couvrir le risque de crédit, souhaite un paiement par crédit documentaire.

CONSEIL

Il doit formuler cette demande dès l'offre commerciale, en en précisant bien les modalités :
- paiement par crédit documentaire **irrévocable** ;
- et **confirmé** si un risque pays existe ;
- **aux caisses d'une banque française** (il n'est pas utile de préciser la banque).

Le mode de réalisation dépendra des conditions prévues dans l'offre mais, en cas de paiement à crédit, celui-ci doit être précisé (paiement différé, par acceptation, par négociation).

• La vérification de l'ouverture

L'avis d'ouverture de crédit, conforme aux ordres de l'acheteur étranger, parvient à l'exportateur par l'intermédiaire de la banque notificatrice. Il est essentiel de vérifier immédiatement que cette ouverture est acceptable en l'état.

Les **documents** réclamés correspondent-ils aux conditions de vente prévues ? Peuvent-ils tous être obtenus à un coût raisonnable et dans les délais ?

Les **dates limites** d'expédition et de validité du crédit peuvent-elles être respectées ?
La **description des marchandises** est-elle conforme à l'offre et sans ambiguïté ?
Les **modalités de paiement** correspondent-elles au délai de crédit convenu ?

CONSEIL
Il faut être très rigoureux dans ces vérifications car, pour le paiement, les banques ne jugent que de la conformité des documents remis avec ceux demandés dans l'ouverture. On peut utiliser pour ce contrôle des « check-lists » fournies par les banques.

Lorsque des anomalies sont constatées, il faut en apprécier la portée : s'agit-il d'une simple erreur du client, ou d'une tentative de renégociation des conditions commerciales ? Ces anomalies mettent-elles en cause la sécurité du paiement, le partage des frais convenu ?
Il faut juger avec un esprit commercial de ce qui est acceptable, et ne mérite pas de reporter l'exécution de la commande, et de ce qui ne l'est pas.

CONSEIL
S'il souhaite que des modifications soient apportées à l'ouverture, l'exportateur prévient immédiatement le client en signalant clairement qu'aucune expédition ne pourra avoir lieu tant que l'amendement du crédit ne lui sera pas parvenu par le circuit bancaire. Il est inutile de se tourner vers le banquier notificateur, qui n'a pas pouvoir de modifier l'ouverture.

• L'expédition et la préparation des documents

Les activités industrielles et logistiques (préparation de la marchandise, organisation du transport, expédition) doivent être menées de front avec les activités administratives (préparation des documents internes, collecte des documents externes, visas, etc.).
Dès l'expédition et l'obtention du document de transport, la **liasse documentaire** complète est remise au banquier notificateur. Celui-ci dispose alors d'un délai maximal de 5 jours pour examiner les documents et décider de leur sort.
Si la liasse est rejetée, c'est presque toujours parce qu'une erreur a été commise (non-respect des délais, document « vieilli » ou manquant, document non conforme, etc.). Il faut régler le problème dans les meilleures conditions (le plus souvent, en transformant le crédit en remise documentaire, ce qui n'est pas sans risque).

CONSEIL
Il importe aussi de rechercher dans la procédure interne à l'entreprise ce qui a conduit à cette erreur, afin qu'elle ne se reproduise pas.

2 Le crédit documentaire import

L'importateur français ouvre un crédit documentaire en faveur du vendeur étranger, à la demande de ce dernier.
Il remplit pour cela une « **demande d'ouverture de crédit documentaire** » sur un formulaire remis par sa banque, qui sera donc la banque émettrice du crédit.
L'importateur doit formuler la demande au mieux de ses intérêts, tout en respectant les conditions fixées par le vendeur dans son offre initiale ou convenues après négociation.

CONSEIL
Il n'est pas souhaitable de tenter de modifier à ce stade les accords passés ; on risquerait de conduire le fournisseur à refuser l'ouverture, ce qui engendrerait des frais supplémentaires et retarderait la livraison.

L'élément essentiel de l'ouverture est la **liste des documents** à fournir par le vendeur pour être payé. Ceux-ci doivent être assez nombreux et précis pour garantir que toutes les conditions importantes du contrat sont bien respectées, mais il faut se garder de les multiplier, ce qui risquerait de rendre la tâche impossible pour le fournisseur et d'augmenter les sources d'erreurs.
Le second élément sensible concerne les **délais** : il faut mentionner des dates butoir **d'expédition** et de **validité** garantissant le respect du délai de livraison convenu, tout en laissant au fournisseur le temps matériel de réunir les documents et de les remettre en banque. On peut prévoir aussi un **délai de présentation** des documents (il est de 21 jours par défaut).
Il faut être attentif enfin aux **conditions d'acheminement** prévues.

Exemple
Une certaine latitude peut être laissée au fournisseur quant au choix du **port d'embarquement**, mais pas du **port de destination** (sauf en cas d'achat DDU entrepôts de l'importateur).

Si la marchandise voyage à nos risques, ce qui est le cas le plus fréquent, il faut interdire les **transbordements** (sauf en l'absence de ligne directe !) car ils sont source de risques.

23

Les solutions de financement à court terme

Toute entreprise qu'elle exporte ou non est confrontée à un impératif : gérer au mieux sa trésorerie dont la dégradation peut compromettre sa pérennité.
L'activité internationale :
- **modifie sensiblement les besoins de financement ;**
- **introduit une gestion des positions de change ;**
- **offre aussi des moyens spécifiques de financement.**

1 Caractéristiques de la trésorerie d'une entreprise exportatrice

A Notion de BFR

Le **besoin en fonds de roulement** (BFR) exprime les besoins de financement du cycle d'exploitation qui dépendent de la nature de l'activité :

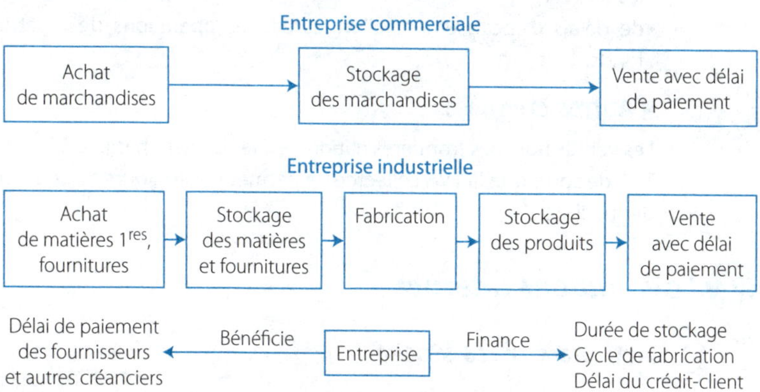

La confrontation entre les besoins et ressources liés au financement du cycle d'exploitation est traduite au travers de la notion de besoin en fonds de roulement.

(B) Les composantes de BFR

(C) Incidences de l'activité internationale sur le BFR

L'activité internationale agit sur les différentes composantes du BFR avec une tendance à gonfler les stocks et créances sans augmenter parallèlement les dettes circulantes.

• Stocks

Leur valeur est alourdie en raison des adaptations consenties pour répondre aux attentes de la demande étrangère à 2 niveaux :

- **qualitatif** : augmentation des stocks de composants, matières premières... conformes aux normes locales et aux exigences des clients étrangers mais aussi des stocks de produits finis avec la multiplication des modèles ;
- **quantitatif** : augmentation des biens stockés pour faire face au surcroît de demande

• Créances clients

L'accroissement de leur montant résulte :

- de totaux facturés plus élevés (commandes plus importantes, frais de logistique) ;
- de délais contractuels de paiement généralement plus longs et aggravés par les retards ;
- de délais d'encaissement allongés par les opérations de rapatriement des fonds.

• Autres créances

Les ventes hors des frontières nationales ne donnent pas lieu à la facturation de TVA de sorte que la TVA collectée ne permet pas toujours de compenser la TVA déductible.

2 Les solutions internes

(A) Actions sur les stocks

Elles se déclinent selon 2 axes :

- réduire leur montant ;
- trouver des financements.

• Diminution de leur montant : 3 solutions

- Agir sur les droits de douane relatifs aux éléments importés en recourant aux régimes douaniers suspensifs (régimes d'entrepôt, de perfectionnement) ;
- retarder la différenciation des produits afin de limiter la diversité des modèles ;
- gérer rationnellement les stocks pour définir les niveaux requis et les rythmes d'approvisionnement optimaux.

• Gestion de leur financement

- Par l'utilisation des prêts spécifiques pour les stocks détenus à l'étranger dans le but de réduire les délais de livraison et améliorer le service à la clientèle ;
- le recours aux crédits d'enlèvement et de droits pour étaler le paiement des droits et taxes.

(B) Actions sur les créances

• Les créances clients

L'allégement du montant des créances clients passe par :

- la demande d'acompte à la commande ;
- la gestion et le suivi des comptes clients avec le rappel des échéances et la relance systématique au moindre retard ;
- l'incitation des clients à accepter une réduction des délais de paiement contre un escompte de règlement. À noter que cette pratique est formalisée en Union européenne et que toute facture doit mentionner le taux d'escompte applicable en cas de règlement anticipé.

• Les autres créances

En matière de TVA déductible, l'exportateur peut solliciter d'effectuer des achats HT aussi bien en France, qu'à l'étranger avec dans ce cas, utilisation d'un AI2.

3 Les solutions externes

L'exportateur peut recourir à des tiers soit pour :

- solliciter un crédit global d'exploitation auprès d'une banque ;
- céder les créances détenues dans le cadre de l'**affacturage** ;
- les mobiliser par le biais d'escompte des créances en EUR ou en devises, d'avance en devises.

Il peut aussi jouer sur le rapatriement des fonds grâce à l'ouverture d'un compte centralisateur ou d'une lock-box.

Pour toutes les créances liées à des dépenses de prospection, l'exportateur peut demander :

- une assurance prospection auprès de la Coface ;
- un parrainage bancaire c'est-à-dire un emprunt à taux avantageux contre cession de ses droits aux indemnités Coface.

(A) La mobilisation des créances

• L'escompte commercial

Si les créances, en EUR ou en devises, sont matérialisées par des effets de commerce, l'exportateur peut les escompter auprès d'une banque. Il reçoit alors un montant = nominal de l'effet diminué de l'agio.

↓

Intérêt sur la période entre les dates
de négociation et d'échéance + commissions

Exemple

Un exportateur négocie une lettre de change d'un nominal de 120 000 EUR 60 jours avant son échéance aux conditions suivantes :

- taux d'escompte : 8 % l'an ;
- commission d'encaissement = 0,25 % – maximum 55 EUR ;
- commission d'endos : 0,9 % l'an.

Éléments	Calculs	Montants en EUR
1. Escompte	120 000 × 8 % × 60/360	1 600
2. Commission d'encaissement	120 000 × 0,25 % = 300 EUR mais maximum 75 EUR	75
3. Commission d'endos	120 000 × 0,9 % × 60/360	180
4. Valeur nette escomptée	120 000 – (1) – (2) – (3)	118 145

L'exportateur recevra donc 118 145 EUR.

• L'avance en devises

L'exportateur évalue les montants en devises qu'il va recevoir et emprunte un montant équivalent en EUR sur une durée équivalente au délai de paiement accru du délai d'encaissement. Il remboursera cet emprunt lors du paiement du client.

Exemple

Le 1er février, vous expédiez, à votre client américain, des équipements de bureau d'un total de 180 000 USD CIP Boston payables à 45 jours de la date de livraison. Le délai d'encaissement est estimé à 15 jours.

Votre entreprise éprouve quelques difficultés de trésorerie et vous contactez la BNP pour obtenir une avance en devises. Le responsable « Étranger » vous donne les informations suivantes :

- taux sur l'USD à 2 mois : 2,25/3 % ;
- cours spot : 1 EUR = 1,2500/40 USD.

1er février : vous empruntez l'équivalent de votre créance soit 180 000 USD pendant 60 jours (45 + 15 jours); vous les changez en EUR et votre compte est crédité de 143 540,67 EUR (180 000/1,2540).

À l'échéance au 1er avril : vous recevez les 180 000 USD de votre client :

- vous remboursez votre emprunt ;
- vous payez les intérêts égaux à 900 USD (180 000 × 3 % × 2/12).

Cette solution de financement comporte un autre avantage : elle protège l'exportateur, du risque de change encouru sur la créance puisque ce montant en devises n'est pas changé en EUR. Un risque de change subsiste sur les intérêts puisqu'ils sont payables en devises : selon leur importance, une couverture à terme peut être envisagée (voir Cours 26 *Les techniques bancaires de couverture du risque de change*).

(B) L'amélioration de l'encaissement

Le compte centralisateur et la lock-box contribuent à améliorer l'encaissement des fonds versés par le client et à réduire les coûts en diminuant le nombre de virements.

Le **compte centralisateur** ou compte de non-résident est un compte ouvert dans un pays étranger pour centraliser les paiements libellés en monnaie locale. L'exportateur décide des modalités de rapatriement des fonds (en nombre de jours ou en fonction du solde) pour en minimiser le coût.

La **lock-box** est une boîte postale ouverte auprès d'une banque étrangère qui relève le courrier mais aussi gère les chèques reçus, ce qui explique son rôle marginal compte tenu de la place de ce moyen de paiement dans les opérations internationales.

(C) La cession de créances

L'affacturage consiste à céder les créances détenues à une société financière spécialisée (factor ou affactureur) qui se charge de leur recouvrement. Il procède éventuellement au règlement anticipé des créances et cette avance en trésorerie améliore la physionomie du bilan (voir Cours 24 *La gestion du risque de non-paiement*).

5.1 Vérifiez vos connaissances

Exercice 1

La société Vernaud SA, spécialisée dans la fabrication de matériel de conditionnement, facture en USD l'équivalent de 5 millions d'EUR de ventes annuelles. Afin de mieux gérer sa trésorerie, elle procède à une analyse des conditions de paiement qu'elle accorde à ses clients. Cette étude montre que chèques d'entreprise et virements Swift sont indifféremment utilisés malgré leur différence en matière de délais d'encaissement.

Travail à faire

1. Actuellement lors de la remise des chèques en banque, le compte de la société est crédité CAE (Crédit après encaissement). L'entreprise Vernaud SA peut-elle obtenir des conditions plus favorables ?
2. À l'aide des informations communiquées ci-dessous, comparez les coûts induits par le délai d'encaissement des chèques et virements et concluez.

Analyse comparative du chèque et du virement Swift

Éléments	Chèque d'entreprise	Virement Swift
Délai moyen de transmission (en jours calendaires)	8	0
Délai moyen de vente de devises en jours ouvrés	2	2
Délai moyen de mise à disposition des fonds (en jours ouvrés)	4	1
Taux annuel moyen de financement	6 %	6 %

Informations sur les pratiques bancaires :

- jours calendaires (ou calendrier) : jours du calendrier ;
- jours ouvrables : jours calendaires sauf samedis, dimanches et jours fériés ;
- jours ouvrés : jours ouvrables moins les jours fériés spécifiques à la profession.

Le rapport, Nombre de jours calendaires/Nombre de jours ouvrés, atteint environ 1,5.

Exercice 2

La société Gemon commercialise des farines d'origine animale et végétale destinées à la fabrication de pets foods et d'engrais. Après un premier contact sur un salon, la société grecque Zonkis lui a commandé un conteneur 20' de marchandises diverses et demandé un paiement par Swift à 3 mois de la date de facture. Les renseignements obtenus prouvent qu'il s'agit d'une entreprise solide mais le trésorier de Gemon suggère de recourir à une remise documentaire avec traite.

Travail à faire

1. Indiquez quelle technique de paiement sollicite le client et les avantages et risques qu'elle comporte pour Gemon.

2. Analysez la pertinence de la solution proposée par le trésorier pour Gemon.

3. Quelles sont les autres solutions envisageables en dehors de l'assurance-crédit ?

Exercice 3

Vous travaillez au service « Affaires internationales » de la Banque du Nord et vous conseillez les entreprises en matière de crédit documentaire.

Que préconisez-vous aux entreprises suivantes :

1. La **SBEF** sous-traite la fabrication de certains équipements électroniques à la société britannique Farnell. Ses clients étrangers la paient par crédit documentaire et la société Farnell souhaite aussi un règlement par crédit documentaire.
2. **Fruidor**, négociant international, achète comptant aux agriculteurs des fruits. Il les revend à des entreprises agroalimentaires qui les transforment et le règlent par crédit documentaire à 60 jours date de livraison. Il supporte des difficultés de trésorerie en raison de cette différence entre les délais des crédits accordés aux clients et obtenus des fournisseurs.
3. **Safranor** est spécialisée dans la fumaison des saumons. Elle s'approvisionne, entre autres, auprès d'un exportateur canadien qui consent des prix compétitifs pour toute commande supérieure à 60 tonnes avec paiement par crédit documentaire. Intéressée par cette offre, Safranor souhaite échelonner les livraisons sur 3 mois (à raison d'une livraison mensuelle).

5.2 *Mettez en application*

Exercice 1

L'entreprise Vannier commande des cartes-mémoires acheminées par avion et livrables CIP Roissy. Le paiement est prévu par crédit documentaire.

Travail à faire

1. Pourquoi doit-elle indiquer un délai de présentation des documents inférieur à 21 jours ?
2. Que faut-il prévoir si les marchandises arrivent avant les documents ?
3. Les cartes-mémoires reçues ne correspondent pas toutes aux spécifications précisées dans la commande. En revanche les documents sont conformes à ceux requis. L'entreprise Vannier peut-elle empêcher la banque de payer son fournisseur ?

Exercice 2

Responsable des achats d'une grande surface spécialisée, vous avez contacté divers fournisseurs asiatiques de matériel de camping et de randonnée pour organiser une opération promotionnelle programmée dans la deuxième quinzaine de mai. Après confrontation des offres et négociations, vous avez retenu l'entreprise Tansing de Shangaï pour la fourniture de tentes. La pro-forma reçue le 10/01 indique les conditions suivantes :

- 10 000 tentes de type « igloo » réf TY32 au prix unitaire CIP Le Havre de 12 USD ;
- règlement par crédit documentaire avec paiement à 30 jours du B/L aux caisses de la banque China International Bank de Shangaï ;
- expédition dans un délai de 6 semaines à partir de la réception de l'avis d'ouverture du crédit documentaire.

Travail à faire

1. Le 28 janvier, vous demandez à votre banque, d'ouvrir un crédit documentaire en faveur de l'entreprise Tansing. Quels documents exigerez-vous ?
2. Quelles précautions devrez-vous prendre pour que votre fournisseur livre effectivement dans les délais requis sachant que votre transitaire estime à 1 mois ½ le délai d'acheminement et de dédouanement import des marchandises ?

Exercice 3

La société Tula SA achète dans le monde entier, du poisson frais qu'elle revend essentiellement eu Europe. Elle consent des prix compétitifs mais exige un paiement par virement dans un délai de 15 jours de la date de facture. Dans ce secteur, l'offre est très imprévisible de sorte que les commandes des clients varient fortement de quelques centaines à 15-20 000 EUR par expédition. La rentabilité de ce type d'activité passe donc par une gestion rigoureuse des approvisionnements mais surtout des créances-clients et un strict contrôle des coûts. Assistant(e) export, vous devez formuler des propositions quant aux moyens de sécuriser les règlements des clients.

Travail à faire

1. Quelles solutions suggérez-vous ?
2. Quels éléments devez-vous contrôler lors de la réception d'une lettre de crédit stand-by ou de garantie bancaire émises en faveur de Tula SA ?

Exercice 4

Un exportateur de lave-vaisselle a obtenu une commande d'un client brésilien aux conditions suivantes :

- montant : 800 000 USD CIP Rio ;
- délai de paiement : 60 jours date d'expédition.

L'entreprise sollicite une avance en devises auprès de son banquier qui lui communique les informations suivantes :

- cours 1 EUR = 1,4050 USD ;
- taux de l'USD à 60 jours : 2,25 %.

Travail à faire

1. Quel est le montant du financement obtenu par l'entreprise ?
2. Comment l'exportateur peut-il éviter le risque de change sur les intérêts ?

Exercice 5

Un fabricant de petits équipements de bricolage vend, à un client américain, pour 50 000 USD FCA Le Havre avec paiement à 60 jours date d'expédition. La dernière livraison quitte le port du Havre le 1er mars. La durée du crédit-client et le délai d'encaissement de 15 jours pèsent sur la trésorerie. L'entreprise se tourne vers son banquier qui lui propose de mobiliser sa créance et de vendre à terme les USD aux conditions suivantes :

- Taux de mobilisation 6 % l'an ;
- Cours spot EUR/USD 1,4540/60
- Cours à terme EUR/USD à 75 jours 1,4520.

Travail à faire

Quel est le montant du financement obtenu par l'entreprise ?

5.3 *Passez le BTS*

Exercice 1

L'entreprise Frascope a communiqué, le 10/04, à un acheteur indien, la pro forma 3/325 relative à 50 microscopes type JS24 d'un prix unitaire de 700 EUR FOB Le Havre. Elle accorde un délai de paiement de 60 jours date de livraison et demande un règlement par crédit documentaire irrévocable et confirmé.

Les marchandises feront l'objet de livraisons échelonnées jusqu'à fin août, la première expédition ayant lieu 45 jours après réception de l'avis d'ouverture du crédit documentaire.

Un mois plus tard, la BNP lui communique l'avis d'ouverture du crédit documentaire irrévocable émis par l'Industrial Bank of India. Elle indique qu'elle y ajoute sa confirmation.

40A	Form of documentary credit	IRREVOCABLE
20	Documentary credit number	08-125-66
31C	Date of issue	080510
31D	Date of expiry	080731
50	Applicant	Indian Electrical Services Ltd – 158 Gandhi Ave. – PG.315 New-Delhi – India
59	Beneficiary	Frascope S.A. – Z.I. de Landacres – 42000 Saint-Etienne – France
32B	Currency code and amount	USD 25,000.00 max
41A	Available with/by	Advising bank : BNP – BP 315 – 42000 Saint Etienne – France BY deferred payment at 60 days after shipment

43P	Partial shipment	allowed
43T	Transhipment	prohibited
44	On board from	Le Havre
44 D	On board	Latest 080731
	For transportation to	New-Delhi
45A	Description of goods	50 microscopes type JS24 as per proforma invoice 3/325
46A	Documents required	signed commercial invoice in quintuplicate mentioning the number of the import licence full set of clean on board ocean bills of lading marked freight prepaid made out to the order of Industrial Bank of India and notify applicant certificate of quality issued par competent authorities certificate of French origin insurance certificate covering all risks including theft war for 110 % CIF value
48	Period for presentation	Documents to be presented within 10 days of B/L date but within credit validity period.
72	Sender to receiver information	This credit is subject to ICC UCP pub n° 600

Travail à faire

1. Identifiez les quatre parties en présence.
2. Que procure à Frascope, la confirmation du crédit documentaire par la BNP ?
3. Quelles anomalies constatez-vous dans cette ouverture de crédit documentaire compte tenu de l'offre formulée dans la pro-forma ?
4. Que doit faire Frascope ?

Exercice 2

La société Compelec SA fabrique et commercialise des composants électroniques. L'exportation représente 45 % de son chiffre d'affaires grâce à un bon réseau d'agents dans le monde entier. Le responsable export dresse un bilan positif de l'activité commerciale. En revanche, il déplore l'aggravation des retards de paiement des clients qui induisent des coûts financiers non négligeables.

Le client canadien Ronald Inc est livré par voie aérienne. Il paie par lettre de change à 60 jours. Lors des dernières opérations, les traites ont été acceptées avec d'importants retards. Le responsable export envisage de recourir à une remise documentaire « D/A », document contre acceptation.

Travail à faire

1. Que pensez-vous de cette solution ?
2. Que préconisez-vous ?

   Compelec SA approvisionne régulièrement l'entreprise australienne Thytec, sur la base de 4 livraisons trimestrielles de 100 000 EUR CIP Sydney chacune, payables à

30 jours de la date de livraison par virement Swift. Ce client, bien que n'ayant pas de difficulté financière, paie systématiquement avec retard, retard d'une durée moyenne de 45 jours. Le responsable export lui a proposé un règlement par crédit documentaire irrévocable réalisable par paiement différé à 30 jours. Le client a accepté à condition que Compelec prenne en en charge tous les frais liés à cette technique de paiement. La banque consultée a transmis les informations suivantes :

• commission d'ouverture :	¼ %
• commission de préavis :	56 EUR
• commission de transmission	50 EUR
• commission de notification	0,1 % avec un minimum de 81 EUR
• commission de levée des documents	0,125 % avec un minimum de 150 EUR
• commission de confirmation	1 %
• coût moyen de financement	6 % l'an

3. Sachant qu'il faut compter 15 jours entre l'embarquement des marchandises et le crédit du compte de l'exportateur, confrontez le coût supporté actuellement à celui du recours au crédit documentaire.

4. Concluez sur la pertinence d'un changement de technique de paiement.

Exercice 3

La société Lagarde fait partie des leaders mondiaux dans la fourniture d'autoclaves et livre, chaque année, plus de 2 500 autoclaves à travers le monde. Sa notoriété lui permet le plus souvent d'imposer, à ses clients, ses conditions de règlement définies dans un objectif de moindre coût et de simplicité. La plupart des clients appartient à des grands groupes industriels. Le risque de non-paiement résulte essentiellement du « Risque Pays ».

Les conditions de règlement proposées aux clients de pays stables sont les suivantes :

- versement d'un acompte de 20 % à la commande ;
- règlement du solde par virement soit à la livraison, soit à 30 jours de la date de livraison (exceptionnellement 60 jours) ;
- facturation en EUR.

Travail à faire

Quels sont les avantages et les inconvénients de ces conditions de règlement pour l'entreprise Lagarde ?

(d'après sujet BTS Commerce international session juin 2004)

Exercice 4

La société Verlink fabrique et commercialise des bonbons et autres produits de confiserie. Elle a décroché un marché important avec un grossiste canadien pour un approvisionnement régulier sur les 2 ans à venir. Le contrat prévoit un règlement par Swift à 30 jours de la date du connaissement et la mise en place d'une lettre de crédit stand-by. Elle vient de recevoir la notification de l'ouverture en sa faveur d'une lettre de crédit stand-by (annexe).

Travail à faire

1. Indiquez les caractéristiques de cette lettre de crédit stand-by.
2. Le 02/10/2008, la société Verlink expédie les confiseries commandées. Le 15 novembre 2008, le paiement n'est toujours pas effectué, malgré le rappel de l'échéance. Que doit faire l'entreprise Verlink ?
3. Justifiez le choix de Verlink de préférer la lettre de crédit stand by au crédit documentaire chaque fois que cette substitution est possible.

Annexe

FROM BANK OF MONTREAL

TO SOCIETE GENERALE

JANUARY 15. 2008

WE HEREBY ISSUE OUR IRREVOCABLE STAND-BY LETTER OF CREDIT N° 15487A

IN FAVOUR OF

VERLINK – ZA DU PARC – 59336 TOURCOING CEDEX FRANCE

FOR ACCOUNT OF

HERSHEY LTD – 50 MATHESON AVE EAST – MISSISSAUGA – ON L4W5E9 – CANADA

FOR EUR 150,000.00 MAX

WHICH EXPIRES ON JANUARY 15, 2010 AND IS AVAILABLE AT SIGHT WITH BANK OF MONTREAL – 1 FIRST CANADIAN PL., 21ST FLOOR TORONTO – ON M5X 1A1

AGAINST THE FOLLOWING DOCUMENTS:

1) COPY OF UNPAID COMMERCIAL INVOICE

2) COPY OF BILL OF LADING

3) DULY SIGNED AND DATED BENEFICIARY'S CERTIFICATE STATING THAT HERSHEY HAS FAILED TO PAY IN ACCORDANCE WITH CONTRACT TERMS I.E. 30 DAYS AFTER SHIPMENT DATE

THIS STAND-BY LETTER OF CREDIT IS SUBJECT TO ISP1998 REVISION ICC PUBLICATION 590

corrigés

5.1 Vérifiez vos connaissances

Exercice 1

1. Il serait opportun de négocier une remise des chèques selon la condition SBF (Sauf bonne fin). Le montant sera porté au compte de Vernaud SA après un certain nombre de jours de valeur négocié en fonction du pays d'émission mais sans attendre l'avis de débit de la banque tirée comme dans le cas du CAE. La gestion de la trésorerie s'en trouvera facilitée.
2. Évaluation du délai de mise à disposition des fonds en jours calendaires et du coût.
   Conseil : Présentez les calculs dans un tableau.

Éléments	Chèque d'entreprise	Virement Swift
1. Délai moyen de transmission (en jours calendaires)	8	0
2. Délai moyen de vente de devises en jours ouvrés = 2 × 1,5	3	3
3. Délai moyen de mise à disposition des fonds = nombre de jours ouvrés × 1,5	6	1,5
4. Délai total d'encaissement	17	4,5
5. Coût total = [5 000 000 × (4) × 5 %]/ 360	14 167 EUR	3 750 EUR

La différence plaide en faveur du recours au virement Swift mais il convient de s'assurer que les clients acceptent d'utiliser cet instrument de paiement qui signifie un débit plus rapide de leur compte !

Exercice 2

1. Zonkis demande un encaissement simple par Swift.

Avantages	Risques
Technique simple et peu coûteuse	Risque de non paiement car l'initiative du règlement appartient au client Risque de retard de paiement

2. Le trésorier conseille une remise documentaire « D/A » : document contre acceptation d'une traite.
   Conseil : Afin d'estimer la pertinence du choix, il faut tout d'abord identifier les risques encourus.
   Première commande + montant *a priori* important → nécessité de se prémunir du risque de non-paiement.
   Or, la remise documentaire garantit, pour un coût moindre, une meilleure sécurité de paiement que l'encaissement simple.
   Délai de paiement contractuel de 3 mois.
   La traite peut être escomptée avant l'échéance en cas de difficultés de trésorerie à condition que la client la renvoie acceptée.

3. Autres solutions pour sécuriser le paiement :
   - aval bancaire sur la traite ;
   - versement d'un acompte ;
   - lettre de garantie bancaire.

Exercice 3

1. **SBEF**. 2 solutions :
   - SBEF demande à ses clients étrangers, d'ouvrir un crédit documentaire transférable qui permet de désigner un second bénéficiaire ;
   - SBEF utilise un crédit documentaire back to back ou adossé c'est-à-dire que les crédits documentaires de ses clients étrangers servent de garantie pour ouvrir un crédit documentaire en faveur de Farnell. Cette seconde solution évite de faire apparaître la mention « transférable » qui peut être préjudiciable sur le plan commercial.
2. **Fruidor** peut avec les firmes agroalimentaires :
   - utiliser un crédit documentaire « red clause » afin d'obtenir une avance avant la remise des documents ;
   - jouer sur le mode de réalisation d'un crédit documentaire normal : crédit documentaire par acceptation (avec la possibilité d'escompter la traite) ou par négociation (pour recevoir le produit de l'escompte des documents ou de la traite lors de la remise de documents).
3. **Safranor** peut passer une grosse commande et échelonner les livraisons avec un crédit revolving ou renouvelable. Elle ouvre un premier crédit documentaire pour le tiers du total et ce crédit sera renouvelé deux fois dans les mêmes conditions.

5.2 *Mettez en application*

Exercice 1

1. Délai de présentation des documents = délai entre la date d'expédition et la date limite de remise des documents à la banque notificatrice par l'exportateur ; à défaut d'indication d'un délai, celui-ci est de 21 jours de la date d'émission du document de transport.
   Délai de présentation des documents + délai d'examen de ceux-ci par la banque notificatrice = 21 jours + 5 jours (au maximum). Cette durée dépasse celle du trajet en aérien. De ce fait, les marchandises arriveront avant les documents, ce qui retardera leur dédouanement et donc leur libre disposition par l'importateur.
2. Il convient de prévoir l'envoi d'une liasse de documents par courrier express afin de pouvoir dédouaner les marchandises.
3. La non-conformité des cartes-mémoires à la commande constitue un le litige commercial. Elle n'affecte pas la réalisation du crédit documentaire qui est subordonné à la seule conformité des documents. L'entreprise Vannier ne peut donc s'opposer au règlement de son fournisseur. Elle réglera ensuite le litige commercial selon les modalités définies dans le contrat de vente.

Exercice 2

1. Il convient donc de demander les documents qui permettent de vérifier que le fournisseur respecte ses engagements :
- une facture commerciale en un nombre suffisant d'exemplaires pour usage interne (communication aux différents services) et obligations externes (dédouanement par exemple) ;
- le connaissement en 3 exemplaires originaux mentionnant « fret payé » ;
- un certificat d'assurance sur une base CIP + 10 % avec une garantie « Tous risques » (pour bénéficier d'une assurance plus large) ;
- une liste de colisage.

Un certificat d'origine peut être nécessaire pour le dédouanement, si les tentes font l'objet de dispositions douanières particulières.

2. Le crédit documentaire vous permet de sécuriser les délais de livraison en fixant les dates-butoir.

La campagne promotionnelle débute à la mi-mai : il serait prudent de détenir les marchandises à la fin du mois d'avril pour éviter toute disconvenue. Cette date permet d'ordonnancer les opérations.

CONSEIL

La construction d'un axe du temps facilite la fixation de ces dates.

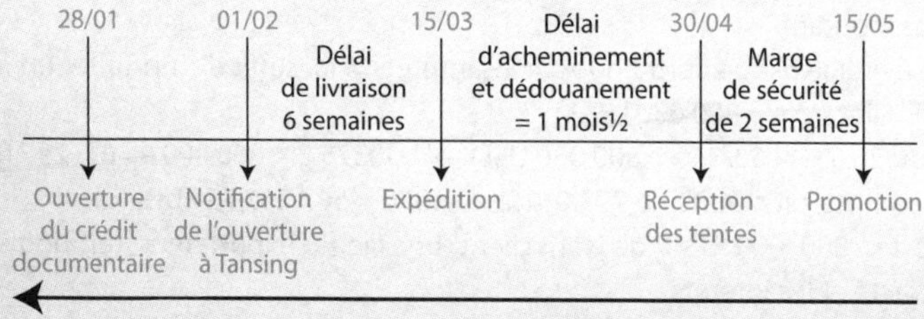

15/05 : démarrage de la campagne promotionnelle.

30/04 : réception des tentes.

15/03 : expédition des tentes compte-tenu du délai d'acheminement et des formalités de dédouanement.

01/02 : date de départ du délai de livraison de 6 semaines et donc de réception de la notification de l'avis d'ouverture du crédit documentaire en sa faveur par le fournisseur Tansing.

Il convient donc de préciser dans l'avis d'ouverture :
- une date limite d'expédition au 15 mars,
- une date de remise des documents au 30 mars (par exemple).

Exercice 3

1. Pour sécuriser les paiement, il existe essentiellement des solutions bancaires et d'assurance.

L'asurance-crédit ne couvre jamais en totalité la créance impayée et impose un délai de carence avant indemnisation.

Les techniques bancaires documentaires (remise ou crédit documentaires) impliquent un coût et une gestion lourde peu compatibles avec des opérations répétitives de montants parfois faibles.

La meilleure solution est :

- de recourir à l'encaissement simple ;
- de le sécuriser par une lettre de garantie bancaire ou une lettre de crédit stand-by qui comportent toutes les deux, un engagement bancaire de payer en cas de défaillance du client, minimisent à la fois les contraintes en termes de démarches et de documents à fournir par le vendeur et allègent donc les coûts.

2. À réception d'une lettre de garantie bancaire ou d'une lettre de crédit stand-by, il convient de vérifier :

- la notoriété de la banque émettrice ;
- le montant couvert et la date d'expiration ;
- les conditions de sa mise en œuvre à savoir le délai à respecter après le constat d'impayé pour alerter la banque émettrice et les documents requis.

Exercice 4

1. J_0 = l'exportateur français emprunte 800 000 USD sur une durée de 60 jours.
Son compte est crédité de 800 000/1,4050 = 569 395,02 EUR.
J_{60} = l'exportateur reçoit les 800 000 USD de son client brésilien et rembourse l'emprunt contracté.
Il paie les intérêts dus soit 800 000 × 2,25 % × 60/360 = 3 000 USD → risque de change sur ce montant.

2. Pour éviter le risque de change sur les intérêts, il lui suffit d'emprunter un montant E tel que E + intérêts = 800 000 USD.
E + E × 2,25 % × 60/360 = 800 000 USD → 1,00375 E = 800 000 → E = 797 011,21 USD
Son compte est crédité de 797 011,21/1,4050 = 567 267,76 EUR.
Avec les 800 000 USD de son client brésilien, l'exportateur rembourse l'emprunt contracté et les intérêts.

Exercice 5

01/03 : mobilisation (escompte) de la créance.
Équivalent en EUR de la traite = 50 000/1,4560 = 34 340,66 EUR = nominal de la créance à rembourser.
Valeur actuelle nette = montant reçu = 34 340,66 – [34 340,66 × 6% × (60 + 15)/360] = 34 340,66 – 429,26 = 33 911,40 EUR.
15/05, le vendeur reçoit les 50 000 USD de son client, il les remet à la banque qui lui verse comme convenu par la vente terme 34 435,26 EUR (50 000/1,4520).
Avec ce montant, il rembourse le nominal de la créance escomptée (34 340,66 EUR) et garde 94,60 EUR (34 435,26 – 34 340,66). Au total, il a reçu : 33 911,40 EUR + 94,60 = 34 006 EUR.

5.3 *Passez le BTS*

Exercice 1

1. Les quatre parties en présence sont :
- l'importateur, le donneur d'ordre (the applicant) : Indian Electrical Services Ltd ;
- l'exportateur, le bénéficiaire (the beneficiary) : Frascope S.A. ;
- la banque émettrice (issuing bank) : Industrial Bank of India ;
- la banque notificatrice et confirmatrice (advising bank) : BNP.

2. La confirmation du crédit documentaire par la BNP signifie un engagement irrévocable de payer de la BNP en cas de défaillance de la banque émettrice, l'Industrial Bank of India. Fracope est donc protégé du risque de non transfert (risque pays, faillite bancaire).

3. L'avis d'ouverture du crédit documentaire diffère de la proforma au niveau :

CONSEIL
La confrontation termes à termes des deux documents facilite la mise en évidence des différences. Ne vous contentez pas d'un recensement des anomalies mais indiquez le problème induit.

	Proforma	Avis d'ouverture du crédit documentaire
Dates limite d'expédition et de validité	Expéditions prévues jusque fin août	31D : date de validité au 31/07 44D : date limite d'expédition au 31/07
	Nécessité de repousser les deux dates-butoir au-delà au 31/08 jusqu'au 15/09 par exemple	
Devise	Prix en EUR	Total indiqué en USD
	Un paiement en USD expose Frascope à un risque de change qui n'a pas été prévu et donc non intégré dans le calcul de coût de revient et dans la fixation du prix de vente.	
Exigences documentaires	Vente FOB Le Havre	Mention « fret payé » sur le connaissement
		Certificat d'assurance
	En raison de l'incoterm du contrat, il convient de demander le remplacement par la mention « freight prepaid » par « freight collect » sur le connaissement et la suppression du certificat d'assurance de la liste des documents.	
		La mention du n° de licence d'importation sur la facture
		Certificat de qualité
	Ces deux exigences entraînent le risque que les documents présentés par Frascope ne soient pas jugés conformes. Pour le n° de licence, il faudrait que Frascope dispose de cette information. Pour éviter tout retard il vaut mieux faire supprimer cette mention sur la facture. Quant au certificat de qualité, il faudrait savoir qui sont « les autorités compétentes » soit l'identité de son émetteur pour éviter tout rejet du document.	

4. Frascope S.A. doit contacter son client, Indian Electrical Services Ltd, pour lui demander d'amender le crédit documentaire. Celui-ci indique ensuite les modifications apportées à l'Industrial bank of India qui transmet l'avis d'amendement à la BNP qui le communique à Frascope S.A.

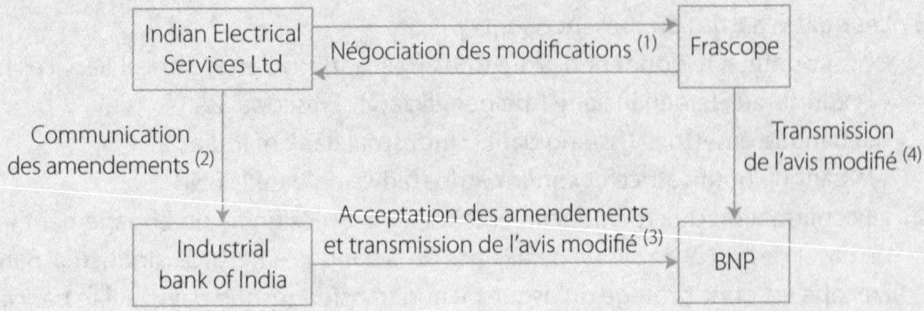

Exercice 2

1. Le recours à la remise documentaire ne résout pas le problème car le client peut toujours lever les documents et accepter la traite avec retard. De plus, les marchandises sont acheminées par voie aérienne et comme la LTA n'est pas un titre représentatif de la marchandise, elle n'est pas demandée pour récupérer les marchandises.
   En d'autres termes, le recours à une remise documentaire entraîne un coût supplémentaire sans atteindre le but visé : accélérer l'acceptation de la lettre de change.
2. La meilleure solution consiste à demander à l'agent commercial local d'intervenir auprès du client et de lui faire accepter la traite.
3. Il faut donc comparer les coûts induits par les deux situations.
   Coût avec paiement par crédit documentaire

Eléments de coûts	Calculs	Montant
1. Commission d'ouverture	0,25 % × 100 000	250
2. Commissions de préavis et transmission	50 + 56	106
3. Commission de notification	0,1 % × 100 000	100
4. Commission de levée des documents	0,125 % × 100 00 = 125 → 150 EUR	150
5. Coût financier du délai d'encaissement	100 000 × 6 % × 15/360	250
6. Total		856

4. Coût actuel : (100 000 × 6 % × 45/360) = 750 EUR → la modification du changement de technique de paiement n'est pas pertinente dans les conditions actuelles mais peut le devenir si les retards du client augmentent.

Exercice 3

CONSEIL
Afin de n'omettre aucun des éléments qui constituent les conditions de paiement, il vaut mieux les reprendre dans un tableau. De plus, cette démarche apporte gain de temps et clarté de la réponse !

Conditions de règlement	Avantages	Inconvénients
Versement d'un acompte de 20 % à la commande	* Engagement du client plus incité à payer la totalité * Préfinancement de la fabrication * Ressource en trésorerie	* Acceptation variable de cette pratique selon les pays
Règlement du solde de 80 % soit à la livraison, soit à 30 jours (ou 60 jours) de cette date	* Délai assez court (30 jours) et délai de 60 jours (exceptionnel)	* Existence d'un risque de non paiement sur le solde. * Nécessité de prévoir un financement à court terme en cas de problèmes de trésorerie
	L'entreprise Lagarde doit maîtriser la date de livraison fixée par l'incoterm du contrat et donc ne pas recourir à ceux de la famille D (ventes à l'arrivée)	
Facturation en EUR	* Absence de risque de change et connaissance du montant encaissé dès la conclusion du contrat * Inutilité de mettre en place une couverture du risque de change	* Transfert du risque de change sur le client. * Refus possible du client (difficulté de couvrir le risque de change dans son pays par exemple) * Perception éventuelle comme une attitude peu commerciale

Exercice 4

1. Cette lettre de crédit stand-by est :
- émise par la Bank of Montréal ;
- pour le compte la société Hershey Ltd ;
- au profit de la société Verlink.

Elle couvre un montant maximum de 150 000 EUR jusqu'au 15/01/2010.

2. La société Verlink doit faire parvenir à la Bank of Montréal les documents demandés :
- une copie de la facture commerciale relative à l'expédition non payée ;
- une copie du connaissement maritime ;
- une attestation signée par elle-même et certifiant qu'elle n'a pas été payée dans le délai convenu de 30 jours à compter de la date d'embarquement.

3. Cette substitution se justifie par les caractéristiques de la lettre de crédit stand-by :
- une souplesse d'utilisation en raison de :
  - la limitation du nombre de documents à fournir pour mettre en jeu la garantie et acceptation de copies ;
  - la possibilité de fractionner les expéditions sans affecter sa validité ;
  - sa compatibilité avec tous les incoterms ;
  - sa rapidité ;
- un coût moindre.

En revanche, la société renonce alors à la sécurité des délais de paiement que lui apporte un crédit documentaire.

24

La gestion du risque de non-paiement

Le risque de non-paiement, ou risque de crédit, correspond aux situations dans lesquelles, en l'absence de tout litige commercial, le client, soit refuse de payer l'exportateur, soit est dans l'incapacité financière ou technique de le payer.

1 Caractéristiques

A Fait générateur et manifestations

Le risque de crédit peut prendre trois formes différentes :

- **c'est un sinistre commercial** : il ne concerne qu'un client et son encours de créances ;
- **c'est un sinistre bancaire** : il va toucher tous les clients de la banque ;
- **c'est un sinistre « politique »** : il concerne toutes les opérations du pays.

Le risque commercial de crédit se manifeste en général en trois stades :

- au départ, un simple **retard de paiement** est constaté ;
- puis ce retard se transforme en **non-paiement** (mais sans que le client annonce qu'il ne paiera pas) ;
- enfin le sinistre débouche parfois sur une **décision judiciaire** : redressement, faillite.

CONSEIL
C'est évidemment dès le stade du retard qu'il faut agir.

B Critères d'intensité du risque

Pour apprécier le risque potentiel d'une opération, on prend en compte trois éléments.

Le client	• Son type : simple client, distributeur, filiale ; • son pays et son secteur d'activité ; • son profil (taille, ancienneté, statut juridique, etc.) ; • l'ancienneté de la relation commerciale que l'on a avec lui.
Le délai	Plus le crédit commercial est long, plus la situation financière du client a le temps de se dégrader.
Le montant en risque	C'est l'encours de créances à une date donnée : c'est-à-dire le total des factures émises et non réglées.

C Différences entre commerce courant et opérations lourdes

Le problème de la gestion du risque de crédit se pose de façon très différente suivant qu'il s'agit de commerce courant ou d'opérations lourdes.

	Commerce courant	Opérations lourdes
Information sur les clients	Clients réguliers, connus	Clients ponctuels
Durées de négociation et de validité de l'offre	Courtes : peu de temps pour se couvrir	La couverture fait partie de la négociation
Durées d'exécution et de paiement	Courtes : le risque de dégradation de la situation est réduit	Longue : des risques nouveaux peuvent apparaître
Nombre d'opérations	Élevé : exigence de rapidité des procédures	Faible ; les couvertures peuvent être ad' hoc
Montant unitaire	Faible : les risques sont répartis	Élevé : un sinistre menacerait la survie de l'entreprise

Du fait de ces différences de nature, les risques de crédit sur les opérations lourdes font l'objet de couvertures spécifiques (voir 5 *D.*).

2 La suppression du risque

La suppression du risque de crédit peut être réalisée de deux façons seulement.

A En refusant tout crédit commercial au client

L'exportateur impose un paiement à la commande, ou à la livraison par contre-remboursement (COD). Ces pratiques sont marginales.

B En utilisant les techniques bancaires

L'exportateur peut demander l'ouverture d'un **crédit documentaire** en sa faveur. Celui-ci doit être irrévocable et confirmé en France. La procédure est contraignante et coûteuse, mais sûre.

Il peut utiliser aussi, pour les courants d'affaires, la **lettre de crédit stand-by**. Celle-ci couvrira toutes les expéditions d'une période donnée (l'année par exemple). La procédure est donc moins lourde, et elle sera moins coûteuse si les paiements se réalisent normalement, puisque la lettre ne sera pas utilisée.

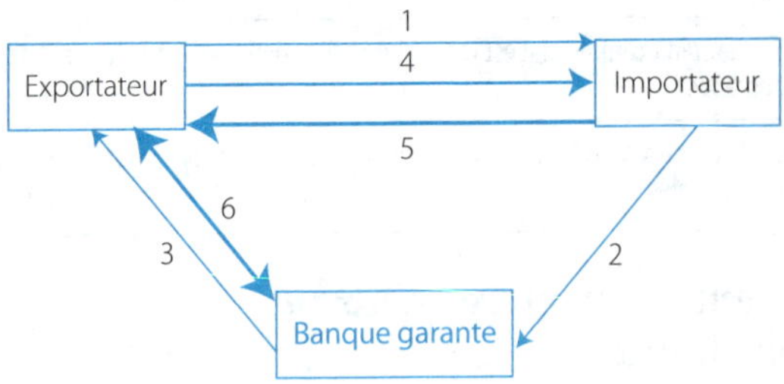

1. L'exportateur demande des garanties à son client
2. L'importateur demande une LCSB à sa banque
3. Ouverture de la LCSB au bénéfice de l'exportateur
4. Livraisons
5. Si les paiements sont effectués normalement, la LCSB n'est pas utilisée
6. En cas de défaillance du client, l'exportateur se retourne vers la banque garante

3 La réduction du risque

Elle passe par la prévention.

A La sélection des débiteurs

Les sources d'information sur la solvabilité des clients sont nombreuses :

- **les sources internes** d'abord : la base de données clients ou prospects doit inclure des éléments d'appréciation du risque ainsi que la trace des problèmes antérieurs ;
- **les banques commerciales** ont un réseau international qui leur permet de collecter et diffuser à la demande de l'information sur la situation financière des prospects ;
- **les sociétés spécialisées dans le renseignement de notoriété** peuvent fournir, sur abonnement ou à la demande, des informations très précises ;
- **les sociétés d'assurance-crédit** gèrent les plus grandes bases de données sur les clients étrangers. C'est le cas par exemple de Coface, dont le produit @rating permet de consulter en ligne la cotation de ses clients ou prospects. Voir www.cofacerating.com.

> CONSEIL
> L'entreprise doit savoir refuser les commandes qui proviennent de clients présentant trop de risques d'impayés. Rien ne sert en effet de vendre si l'on ne doit pas encaisser le produit de cette vente.

B Le choix des modalités de paiement

Ces modalités ont une influence directe sur l'ampleur du risque. Plusieurs pistes d'action sont possibles.

- **Réduire les délais de paiement consentis.** C'est parfois une facilité, dans la négociation commerciale, que d'accorder de longs délais de paiement pour décrocher un contrat. Les commerciaux doivent être sensibilisés à l'augmentation du risque d'impayé que cela induit ;
- **réduire les délais d'encaissement.** Cela passe par l'incitation faite aux clients d'utiliser des techniques modernes de paiement (voir Cours 20 *Les instruments de paiement*) : le virement plutôt que le chèque ; le virement SWIFT plutôt que papier ;
- **prendre des garanties.** La sécurisation des règlements passe aussi par des techniques bancaires aujourd'hui bien rodées : la matérialisation des créances avec demande d'aval bancaire sur les traites ; l'utilisation de la remise et du crédit documentaire (éventuellement confirmés) ; l'utilisation de la lettre de crédit stand-by comme garantie de paiement.

C La gestion des comptes clients

Des actions appropriées doivent être mises en place en interne.

Un suivi régulier des comptes clients pour que le service commercial soit immédiatement alerté du moindre retard.

Une réaction rapide aux incidents (prise d'information, lettres de relance graduées).

Le blocage immédiat des livraisons en préparation, afin de ne pas aggraver l'encours et de faire pression sur le débiteur.

L'information de l'assureur-crédit selon les procédures prévues : alerte, déclaration de menace de sinistre, etc.

Ce suivi et ces actions peuvent relever :
- **d'une cellule de « *credit management* »**, qui définira elle-même le niveau de risque acceptable, les procédures, et assumera ses choix ;
- **du service commercial** qui, connaissant le client, est souvent à même de réagir rapidement et efficacement auprès de lui ;
- **de la force de vente** (représentants, agents).

D Les verrous juridiques

Certaines dispositions incluses dans le contrat de vente peuvent réduire les incidents de paiement ou faciliter leur règlement.

Une clause de réserve de propriété qui conserve au vendeur la propriété de la chose livrée jusqu'au paiement intégral du prix.

CONSEIL

Une telle clause ne peut s'appliquer qu'à des produits identifiables et de durée de vie assez longue. Il faut de plus que la clause soit reconnue dans le pays du vendeur et que les formalités (de publicité par exemple) ne soient pas trop lourdes.

Des intérêts et pénalités de retard. Ils sont automatiques pour les ventes dans l'Union européenne. Leur effet sera dissuasif pour le client de bonne foi… pas pour celui qui n'a pas l'intention de payer.

Une clause résolutoire permettant au vendeur d'interrompre ses obligations contractuelles (livraisons, SAV). si le client ne respecte pas les siennes.

Un choix judicieux de la **loi applicable** et du **tribunal compétent**, afin de pouvoir recourir efficacement, en dernier recours, aux tribunaux (voir Cours 27 *La résolution des litiges à l'international*).

4 Le transfert du risque : l'affacturage

(A) Principes

L'affacturage est un contrat qui englobe **plusieurs prestations** :

- le suivi des comptes clients et la gestion des recouvrements ;
- la prise en charge par le factor du risque de crédit ;
- en option, le financement des créances.

L'affacturage est un contrat **global** :

- il couvre toutes les ventes Export de l'entreprise ;
- hors ventes aux filiales (si souhaité) et paiements par crédit documentaire irrévocable et confirmé.

L'affacturage (comme l'assurance-crédit) repose sur un **agrément préalable des clients**.

> **CONSEIL**
> Le coût de l'affacturage peut apparaître élevé de prime abord, mais il décharge presque complètement l'exportateur de la gestion des encaissements et du suivi des clients, ce qui entraîne des économies conséquentes, de personnel en particulier.

(B) Fonctionnement

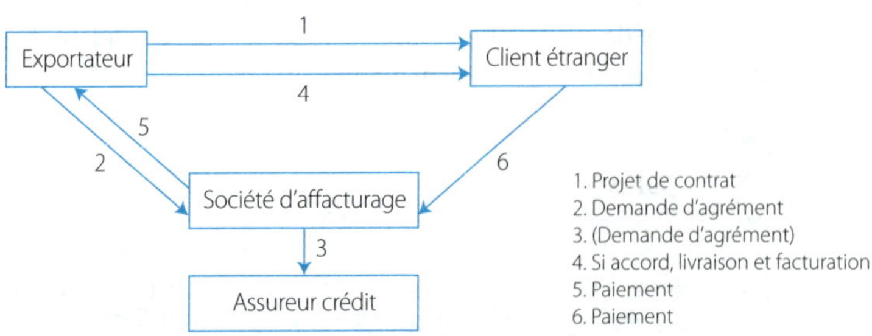

5 La couverture du risque : les assurances crédit

A Les principes

L'assurance crédit est un **contrat global** pour les pays choisis, hors ventes aux filiales et par crédit documentaire irrévocable et confirmé. Elle peut couvrir aussi les ventes domestiques.

Un **agrément des clients** est imposé avant livraison (hors éventuellement procédure d'urgence).

Un **encours maximal de créances** et/ou un délai maximal de crédit sont imposés par l'assureur.

Les incidents (retards et menaces de sinistre) doivent être **signalés** immédiatement par l'exportateur.

En cas d'échec de la négociation, l'assuré fait une **demande d'intervention** à l'assureur, qui vaut **subrogation.**

Les **récupérations** éventuelles par l'assureur après indemnisation sont en général partagées.

B Les modalités

D'un contrat à l'autre, vont varier :

- le **chiffre d'affaires garanti** (CA total export, pays désignés, France + export) ;
- les **risques couverts** (commercial, politique, les deux) ;
- les éventuelles **franchises** ;
- la **quotité garantie**, qui peut être différente selon que le sinistre a une origine commerciale ou politique ;
- les **garanties complémentaires** (risque de fabrication, risque sur cautions, garantie des litiges manifestement dilatoires).

CONSEIL

Le marché de l'assurance crédit s'est largement internationalisé ces dernières années. La Coface, ancienne société publique, propose aujourd'hui ses prestations sur un grand nombre de marchés étrangers. De même, de nombreuses sociétés françaises ou étrangères d'assurance-crédit sont à même d'offrir ces prestations à l'exportateur français. L'intérêt de celui-ci est donc de faire jouer la concurrence.

C Le fonctionnement d'une garantie type

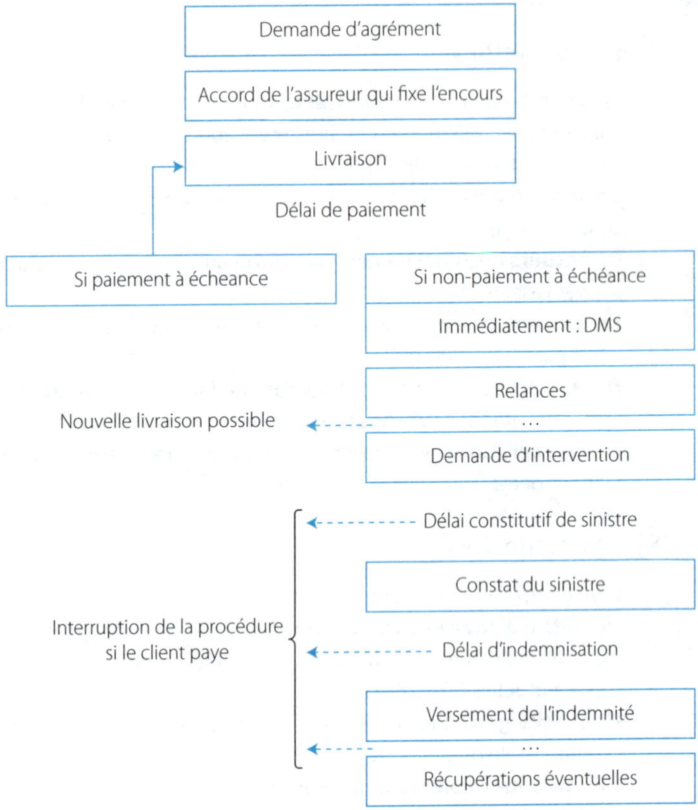

DMS = déclaration de menace de sinistre

D Les assurances crédit à moyen et long terme

Pour les contrats lourds, avec des durées de crédit supérieures à 180 jours, la couverture du risque de crédit est une condition *sine qua non* de la réalisation de l'opération. L'exportateur ne prendra pas le risque de mettre en cause sa survie par un sinistre majeur, donc il ne vendra pas ou n'exécutera pas la prestation (chantier, étude, etc.) s'il n'est pas assuré.

Pour permettre la réalisation de ces opérations, l'État français peut apporter son concours, s'il le souhaite, dans le cadre de sa politique publique d'assurance-crédit fixée annuellement.

C'est COFACE qui est chargé de gérer, pour le compte de l'État, les différentes polices correspondantes, dont les modalités dépendent du type de financement du contrat et du risque (politique et/ou commercial) couvert.

Toutefois, certains assureurs privés font aussi des offres pour ces opérations (polices « individuelles » ou « *single risk* »).

25

La gestion du risque de change

Dès qu'il achète ou vend dans une devise autre que l'euro, l'opérateur est confronté à un risque de change. Celui-ci est exacerbé aujourd'hui par la forte volatilité des devises, due au caractère très spéculatif du marché des changes. Mais de nombreuses solutions sont disponibles pour pallier ce risque.

1 Définition, naissance et extinction du risque de change

A Définition

Le risque de change est le risque de **variation par rapport à l'EUR** de la devise dans laquelle est libellée l'opération commerciale (le prix de vente). Cette variation possible crée une **incertitude** quant à la rentabilité finale de l'opération de vente ou d'achat. C'est cette incertitude qui crée le risque, que la variation constatée *a posteriori* soit finalement profitable, ou qu'elle soit génératrice de pertes de change.

B Naissance et extinction à l'export

Pour l'exportateur, le risque de change apparaît de manière **potentielle** dès qu'il fixe un prix d'offre dans une autre devise que l'euro. En effet, si le client accepte l'offre, l'exportateur sera engagé par le prix précédemment fixé.
Il n'apparaît de manière **certaine** que lorsque le client commande ; s'il ne le fait pas, le risque disparaîtra de lui-même.
Il s'éteint lorsque le vendeur, qui a reçu les devises de son client, les vend à la banque contre des euros.

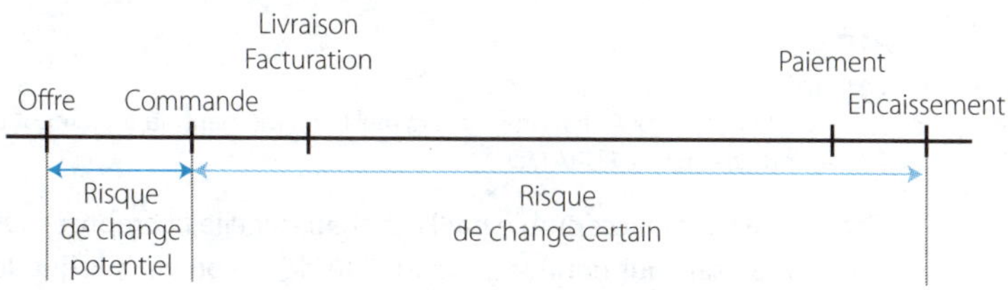

Ⓒ Naissance et extinction à l'import

Pour l'acheteur, qui est maître de la décision, il n'y a pas de période d'incertitude comme pour l'exportateur. Le risque de change apparaît pour lui lorsqu'il commande, et s'éteint lorsqu'il achète les devises pour payer le vendeur.

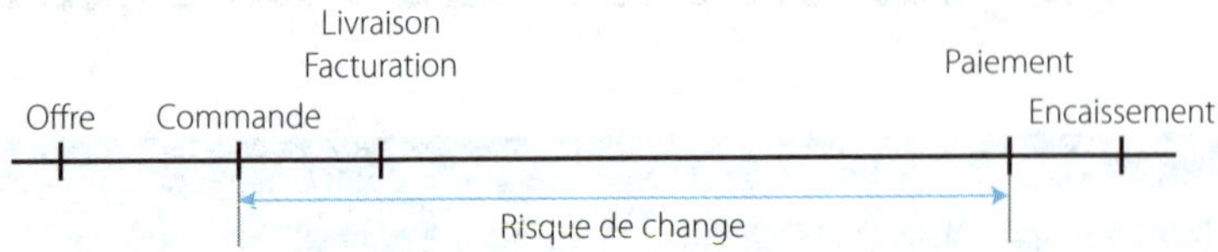

2 La suppression du risque de change

Nous nous placerons dorénavant du côté de l'exportateur.

Ⓐ Vente en euros

Pour le vendeur, la seule façon de supprimer le risque de change est de refuser de vendre dans une autre monnaie que l'euro. Cette solution pose évidemment dans la plupart des cas des problèmes commerciaux, car elle revient à transférer la gestion du risque sur l'acheteur, qui va être contraint d'acheter dans une autre monnaie que la sienne.

CONSEIL
Cette solution peut toutefois être pertinente dans certaines situations : acheteur plus habitué que le vendeur à gérer ce risque, monnaie du client intransférable, etc.

Ⓑ Clause de change fixe

Une autre solution théorique est la clause de change fixe incluse dans le contrat. Le prix est libellé dans la monnaie du client, mais sera ajusté au moment du paiement en fonction des variations constatées de cette monnaie par rapport à l'euro.

Exemple
Le prix est fixé à 10 000 USD, mais il sera ajusté au moment du règlement en fonction de l'évolution de la parité EUR/USD.

Cette clause est inacceptable par l'acheteur, car elle fait reposer sur lui le risque de change, sans lui donner la possibilité de le couvrir puisque le contrat est libellé dans sa monnaie.

3 La réduction du risque de change

Pour réduire son exposition au risque de change, l'exportateur peut jouer sur trois éléments : la devise, le délai, et le montant en risque.

A Le choix de la devise

Pour l'exportateur français, la « qualité » d'une devise dépend de deux éléments :
- son éventuel **rattachement** à l'euro ou à une des monnaies de la zone Euro ;

Exemples
Le franc CFA (de la Communauté Financière d'Afrique) a une parité fixe avec l'euro.
Dans une certaine mesure, la couronne danoise, certaines monnaies des PECO peuvent varier par rapport à l'EUR entre l'offre et le paiement, mais dans des amplitudes plus faibles que des monnaies « indépendantes » comme le sont le yen (JPY) ou le dollar (USD).

- sa **volatilité**, c'est-à-dire sa propension à fluctuer de façon importante dans un court laps de temps par rapport aux autres devises. Cette volatilité dépend essentiellement du caractère spéculatif du marché de cette devise.

Exemple
La parité EUR/USD, les deux principales monnaies du marché des changes, fait l'objet d'une spéculation intense. Le dollar est donc extrêmement volatil par rapport à l'euro, et à ce titre dangereux pour un exportateur européen.

B Le délai d'exposition au risque

Plus celui-ci est long, plus le risque de fluctuation est élevé. L'exportateur doit donc s'efforcer de réduire autant que possible :
- la durée de validité de l'offre ;
- la durée du crédit commercial consenti ;
- les durées techniques de rapatriement et de cession des devises.

C Le montant en risque

Celui-ci est appelé « **position de change** ». C'est à un moment donné, devise par devise et échéance par échéance, la somme algébrique des créances et des dettes. Cette position de change est dite « longue » si les montants à recevoir (à une échéance donnée pour une devise donnée) excèdent les montants à payer. Elle est dite « courte » dans le cas inverse.
De nombreuses techniques permettent à l'exportateur de « refermer » autant que possible cette position de change pour réduire son exposition :
- compenser des créances par des dettes en achetant dans les monnaies dans lesquelles il vend (compensation) ;
- anticiper un règlement pour faire correspondre son échéance avec un encaissement (termaillage) ;
- emprunter dans la devise où sa position est longue, etc.

CONSEIL
Ce type de gestion est plus efficace dans les groupes internationaux, où les possibilités de compensations internes sont plus nombreuses.

4 Les assurances Coface du risque de change

Deux solutions s'offrent à l'entreprise pour couvrir son risque de change : faire appel à une assurance, solution évoquée ici, ou utiliser des techniques bancaires de couverture, qui font l'objet du chapitre suivant.

Les assurances du risque de change sont gérées par Coface pour le compte de l'État, et ne concernent que les contrats « lourds ».

L'assurance « **Négociation** » couvre des opérations dans lesquelles la phase de négociation est longue et la concurrence internationale vive. Comme l'exportateur dispose de peu de moyens de couverture tant que le contrat n'est pas signé et que le risque n'est pas « certain », l'assureur se substitue au marché pendant cette phase : il garantit les pertes et récupère les gains intervenus entre l'offre et la signature. Une possibilité « d'intéressement » aux gains peut aussi être offerte à l'assuré contre une prime plus élevée.

L'assurance « **Contrat** » couvre exceptionnellement des opérations (en USD ou GBP, exceptionnellement CHF) dans lesquelles l'exportateur se voit imposer au dernier moment une facturation en devises, et ne peut pas faire appel au marché des changes (en général parce que le terme du paiement est indéterminé).

En dehors de ce cas particulier, les entreprises désireuses de couvrir leur risque de change doivent faire appel aux techniques bancaires.

26

Les techniques bancaires de couverture du risque de change

De nombreuses techniques plus ou moins sophistiquées permettent aux exportateurs d'utiliser les marchés des changes pour couvrir le risque généré par leurs opérations commerciales. La plupart de ces techniques peuvent aussi être utilisées pour spéculer sur ces marchés, mais cette dimension ne sera pas abordée ici.

1 La vente à terme de devises

A Principe

Dès que l'exportateur est entré en risque certain (à la commande) et qu'il sait quelle quantité de quelle devise il va recevoir à quelle date, il peut les **vendre à terme** à son banquier. Le banquier s'engage sur le cours (dit « cours à terme ») auquel il achètera ces devises. En contrepartie, l'exportateur s'engage à les lui livrer à l'échéance convenue (et renonce donc à profiter de leur éventuelle appréciation contre euro). Dès cette date, l'exportateur connaît exactement le montant en euro qu'il percevra ; il a supprimé son risque de change.
Le banquier ne supporte pas davantage le risque : il va emprunter en devises le montant à recevoir, et utilisera à l'échéance les devises reçues de l'exportateur pour rembourser son emprunt. L'opération est décrite dans le schéma ci-dessous :

	AUJOURD'HUI	DANS DEUX MOIS
L'EXPORTATEUR	Livre les marchandises contre paiement en devises dans 2 mois Vend les devises (achète des EUR) à terme à la banque	Reçoit les devises de l'acheteur Les livre à la banque Reçoit des euros
LA BANQUE	Emprunte des devises Les vend au comptant (achète des euros) Place les euros	Reçoit les devises de l'exportateur Lui verse des euros Rembourse son emprunt en devises

(B) Le cours à terme

C'est le cours garanti par le banquier. Il est déterminé par le marché interbancaire des devises (le marché des changes). En théorie, il est fonction du cours comptant de la devise, et d'un report (si positif) ou déport (si négatif). Ce report ou déport correspond au gain ou à la perte réalisée par le banquier

Exemple

L'exportateur facture en GBP et vend ces GBP à terme contre EUR. La banque les emprunte sur le marché, et les vend au comptant (au cours comptant). Elle place les EUR reçus. Pendant 2 mois, la banque est donc emprunteuse en GBP et prêteuse en EUR. Si le taux d'intérêt de la GBP est supérieur au taux de l'EUR, la banque perd sur les intérêts. Le cours à terme GBP/EUR sera donc inférieur au cours au comptant ; il y aura un déport de la GBP contre EUR.

Nota : comme l'usage à Paris est de coter les devises « au certain », on considérera cette opération comme un achat à terme d'EUR contre GBP, et on dira plutôt : « le cours à terme EUR/GBP sera supérieur au cours comptant : il y aura un report de l'EUR contre GBP ».

On peut donc écrire : cours à terme = cours comptant + report / – déport

Exemple

Au comptant 1 EUR = 0,8 GBP   Taux de l'euro : 4 % l'an   Taux de la GBP = 6 % l'an

Cours à terme théorique à 3 mois EUR/GBP = cours comptant + report =

0,8 + [0,8 × (6 – 4)/100 × 3/12] = 0,8 + 0,004 = 8,004

Différentiel de taux ↗   ↖ Fraction d'année

2 L'avance en devises

(A) Principe

L'exportateur, dès qu'il entre en risque certain (à la commande), emprunte à sa banque le montant de devises à recevoir. Il les vend contre EUR. Il remboursera son emprunt à l'échéance, majoré des intérêts, avec les devises reçues du client. Ainsi, peu importent les éventuelles variations du cours de la devise dans l'intervalle, puisque les devises reçues du client ne seront pas vendues contre EUR. L'exportateur a supprimé le risque de change sur sa créance. Il a en même temps amélioré sa trésorerie puisqu'il reçoit au comptant la contre-valeur de sa facture (voir Cours 23 *Les solutions de financement à court terme*).

Toutefois, s'il emprunte la totalité des devises à recevoir, l'exportateur sera en risque de change sur les intérêts puisque ceux-ci sont payables en devises à l'échéance. On peut donc imaginer – mais ce n'est presque jamais le cas en pratique – que l'exportateur emprunte une somme légèrement inférieure pour que celle-ci, majorée des intérêts, corresponde exactement au montant de la créance (au montant à recevoir).

(B) Schéma

	AUJOURD'HUI	DANS DEUX MOIS
L'EXPORTATEUR	Livre les marchandises contre paiement en devises dans 2 mois Emprunte en devises le montant à recevoir Les change en EUR	Reçoit les devises de l'acheteur Rembourse son emprunt, majoré des intérêts en devises
LA BANQUE	Emprunte des devises sur le marché interbancaire Les avance à l'exportateur	Reçoit les devises de l'exportateur Rembourse son emprunt en devises

3 Les options de change

(A) Principe

Les options de change permettent à des opérateurs qui ont un risque à couvrir, de le transférer sur des spéculateurs, qui vont l'endosser à leur place contre rémunération. Les options de change peuvent être utilisées soit pour couvrir un risque certain (à la commande), soit pour couvrir un risque potentiel (dès l'offre).

> **CONSEIL**
> Ces produits financiers relativement sophistiqués sont réservés en pratique à de gros opérateurs. Les montants des contrats type sont de l'ordre du million d'USD.

Le principe consiste en ce que l'exportateur achète, contre paiement d'une prime, le droit (mais pas l'obligation) de vendre ses devises à échéance à un cours convenu. Il le fera si ce cours est plus favorable que celui du marché à cette date. Sinon, il vendra ses devises sur le marché (et perdra la prime versée au départ). La contrepartie (le spéculateur) parie sur l'évolution favorable de la devise contre EUR, et espère encaisser la prime. Mais si la devise évolue défavorablement, il subira toute la perte, sans limite puisqu'il sera contraint d'acheter les devises au cours convenu.

Ce type de contrat (à l'export) s'appelle CALL EUR/PUT devise. Le contrat symétrique CALL devise/PUT euro est à la disposition des importateurs.

(B) Couverture du risque certain

Exemple

	AUJOURD'HUI	À L'ÉCHÉANCE*
L'EXPORTATEUR	Livre les marchandises Prix : 1 M. USD, payables dans 2 mois Achète un "CALL EUR/PUT USD" au prix d'exercice de 1 EUR = 1,4 USD Paie la prime (5 %)	Si 1 EUR > 1,4 USD : reçoit l'équivalent de 1,4 USD de sa contrepartie Si 1 EUR < 1,4 USD : vend les USD sur le marché
LA CONTREPARTIE	Encaisse 1 000 000 × 5 % = 50 000 USD	Si 1 EUR > 1,4 USD, assume l'écart Si 1 EUR < 1,4 USD, gagne la prime

* Il s'agit dans cet exemple d'une option « à l'européenne », c'est-à-dire utilisable seulement à son échéance

(C) Couverture du risque potentiel

Les contrats d'option peuvent aussi être utilisés, plus rarement, pour couvrir la phase d'offre et de négociation sur des contrats importants.

Exemple

	AUJOURD'HUI	3 MOIS PLUS TARD
L'EXPORTATEUR	Fait une offre (validité 3 mois) : Prix : 1 M. USD, échéance dans 12 mois Achète un "CALL EUR/PUT USD" au prix d'exercice de 1 EUR = 1,4 USD Paie la prime (5 %)	Si le client commande : conserve l'option (cf. cas précédent) Si le client ne commande pas : revend l'option, ou la conserve pour spéculer
LA CONTREPARTIE	Encaisse 1 000 000 × 5 % = 50 000 USD	Quoi que fasse l'exportateur, Si 1 EUR > 1,4 USD, assume l'écart Si 1 EUR < 1,4 USD, gagne la prime

27

La résolution des litiges à l'international

La résolution des litiges est un problème complexe à l'international, compte tenu d'une grande variété et diversité des sources de droit. Mais des modes particuliers de résolution, comme l'arbitrage, permettent de dénouer un certain nombre des difficultés.

1 La variété des sources de droit à l'international

On peut distinguer quatre sources principales.

A Les droits nationaux

Par définition, un litige à l'international se trouve à la croisée de deux droits nationaux. Or ceux-ci peuvent être extrêmement divers tant dans leurs contenus que dans la fonction qui leur est attribuée. On peut ainsi faire apparaître, en simplifiant beaucoup, quelques grandes fractures.

Deux grands systèmes juridiques : les droits romano-germaniques, dits de « *civil law* », qui sont des droits codifiés dans lesquels la loi est la source principale de la règle de droit ; et les droits anglo-saxons, dits de « *common law* », dans lesquels la codification est plus limitée et où la jurisprudence est la source principale du droit.

Deux conceptions de la place de la loi : dans les sociétés occidentales, le droit est le garant des libertés, et le recours à la loi et aux tribunaux est une pratique couramment admise de résolution des conflits ; dans de nombreuses sociétés (asiatiques en particulier), le recours au juge est considéré comme un échec, car il rompt l'harmonie qui devrait présider aux relations humaines.

Deux conceptions du rapport de la loi et de la religion : dans les sociétés occidentales laïcisées, la loi doit être établie selon des principes moraux dans lesquels la religion peut prendre une part, mais ensuite elle s'applique à tous sans considération de genre, de race ou de religion ; dans certaines sociétés, dans laquelle la religion est une partie plus importante de l'identité collective, la loi (des hommes) est inférieure aux préceptes de la foi (la loi de Dieu), et doit s'y plier.

(B) Le droit communautaire

Seule tentative au monde de création d'un droit international, du fait de sa prééminence sur les droits nationaux et de son applicabilité directe, le droit communautaire est une source essentielle de droit pour les entreprises européennes, qui commercent beaucoup à l'intérieur de l'Union européenne.
En plus des traités fondateurs, on distingue dans le droit communautaire dérivé trois types d'actes :
- le règlement ;
- la directive ;
- la décision.

Exemple
L'essentiel du droit de la concurrence, du droit de la consommation, du droit douanier sont aujourd'hui d'origine communautaire.

(C) Les conventions internationales

Les conventions bilatérales régissent surtout des problèmes liés aux droits sociaux et à la fiscalité. Les conventions multilatérales, quant à elles, peuvent avoir deux objets en matière commerciale.
Elles cherchent parfois à créer un **droit international uniforme** dans un domaine précis.

Exemples
Convention sur la vente internationale de marchandises, conventions sur le transport international de marchandises ; conventions sur la propriété intellectuelle (brevets, marques, etc.) ; conventions sur la lutte contre la corruption, etc.

Elles visent parfois à **prévenir les conflits** ou faciliter leur résolution :

Exemple
Conventions pour la détermination de la loi applicable au contrat, ou du juge compétent, à défaut de dispositions figurant au contrat.

La portée pratique de ces textes varie beaucoup, en fonction du nombre d'états signataires, mais aussi de l'autorité qui leur est accordée en pratique par les tribunaux nationaux.

(D) Les usages

Ils occupent une place importante en matière de commerce international. La « loi des marchands » (***lex mercatoria***) a souvent instauré les règles communes dont les commerçants avaient besoin bien avant que les états ne s'en préoccupent. Beaucoup de textes, même récents, font ainsi référence aux usages (de la profession, du port, etc.).

Exemple
Un grand nombre de ces usages ont été codifiés, en particulier par la Chambre de Commerce Internationale (ICC) : incoterms, crédits documentaires, contrats de distribution, etc.

2 Le problème du droit applicable au contrat de vente

A Pourquoi choisir un droit applicable ?

Le principe universellement reconnu est celui de l'autonomie de la volonté : **le contrat fait la loi des parties**, dans la limite des dispositions juridiques dites « d'ordre public ».
On pourrait donc en théorie se passer de définir un droit applicable. C'est pourtant nécessaire, à titre supplétif au moins, car le contrat ne peut tout prévoir et, en cas de litige, le silence de celui-ci risquerait de conduire à des interprétations imprévues des juges ou arbitres.

B Quel droit choisir ?

Trois éléments doivent être pris en considération :

- **les possibilités sont très larges** si les parties sont d'accord entre elles : droit de l'un des contractants, droit tiers, convention internationale, voire même « amiable composition » (renvoi devant le juge ou l'arbitre sans le lier par un droit précis) ;
- **le droit commercial français** n'est pas considéré comme particulièrement favorable au vendeur ; il est donc peu stratégique pour l'exportateur de tenter de l'imposer dans tous les cas ;
- sauf stipulation contraire dans le contrat, le droit français de la vente internationale, ce n'est pas le Code de commerce, mais la **Convention de Vienne**.

CONSEIL
Il faut se garder des a priori, et surtout des solutions passe-partout. Le choix du droit applicable doit prendre en compte la situation géographique du client, et être déterminé en accord avec lui, comme tout autre élément de la négociation commerciale.

3 Le choix du mode de résolution des litiges

Il existe aujourd'hui trois voies distinctes pour la résolution de litiges commerciaux.

A La voie amiable

Pour des raisons d'efficacité, mais aussi de discrétion, beaucoup d'entreprises s'obligent à une conciliation avant de porter leur différend devant les tribunaux.
Deux cas sont possibles :

- la conciliation directe. Les parties se réunissent avec leurs avocats et cherchent ensemble un compromis ;

- le recours à un tiers, personnalité qualifiée mais ni juge ni arbitre, qui va aider les parties à parvenir à ce compromis. Un règlement pour ce genre de médiation a par exemple été élaboré par la Chambre de Commerce Internationale sous le nom d'« ADR » (*alternative dispute resolution*: modes alternatifs de règlement des différends).

CONSEIL
Pour pouvoir être utilisés, ces modes de résolution doivent avoir été mentionnés au contrat.

En cas d'échec de cette conciliation, les parties utiliseront une des deux autres formules (tribunal ou arbitrage).

(B) Le recours aux tribunaux étatiques

C'est la solution la plus habituelle en cas de conflit important, mais ce n'est pas toujours la meilleure.
Elle crée un sentiment d'infériorité pour celui qui est conduit à plaider dans un autre pays, dans une autre langue, voire avec d'autres concepts juridiques.
Elle entraîne des délais souvent importants, et des coûts non négligeables.
Elle ne permet pas d'éviter une publicité qui peut être négative pour l'image de l'entreprise.
Cette solution ne peut cependant pas toujours être évitée.

Exemple
La plupart des pays n'acceptent pas que l'État, lorsqu'il est partie au contrat, utilise conciliation ou arbitrage. Les litiges avec des acheteurs publics finiront donc systématiquement devant les tribunaux.

Le recours aux tribunaux étatiques pose aussi le problème de la reconnaissance et de l'exécution de la sentence rendue à l'étranger. Dans l'Union Européenne, cette « exequatur » est automatique depuis 2001. Hors Union Européenne, les situations sont très variables.

CONSEIL
Inutile de dépenser des frais d'avocat et du temps pour faire condamner en France un client étranger, s'il n'existe pas ensuite de possibilités réelles de faire exécuter cette condamnation dans son pays !

Ⓒ *Le recours à l'arbitrage*

Ses principes sont les suivants :

- l'arbitrage doit avoir été prévu dans le contrat ;
- le différend est soumis à des arbitres qui le tranchent, en principe définitivement.

La formule connaît un développement spectaculaire ces dernières années, car elle présente beaucoup d'avantages :

- la confidentialité ;
- la neutralité des arbitres ;
- le libre choix de la langue et du lieu de l'arbitrage ;
- une relative rapidité ;
- une bonne connaissance du secteur par les arbitres, s'ils sont bien choisis.

CONSEIL

Pour utiliser l'arbitrage, on peut prévoir toutes ses modalités dans le contrat (arbitrage dit « ad' hoc »), mais il est plus simple et plus efficace en général de renvoyer par une « clause compromissoire » au règlement d'arbitrage de la Chambre de Commerce Internationale. Celui-ci fixe des règles concernant le nombre d'arbitres et leur désignation, le lieu et la langue de l'arbitrage, la procédure et son coût.

L'arbitrage n'a d'intérêt que si la sentence est respectée par celui qui est condamné, et si l'on peut à défaut faire appel à l'autorité publique pour la lui imposer. Cette reconnaissance et exécution automatique des sentences arbitrales a été longtemps freinée par les États. Cette situation a évolué récemment, ce qui a fortement contribué au développement de la formule.

Exemple

En France, les sentences arbitrales étrangères ne sont automatiquement exécutoires que depuis 2000. Auparavant, elles devaient être confirmées par un juge.

6.1 Vérifiez vos connaissances

Exercice 1

Vous êtes un exportateur européen et vous préparez votre budget en vue d'un voyage de prospection. Sachant que vous allez réaliser des dépenses sur place, vous consultez votre banquier, qui vous fournit la cotation suivante : 1 EUR = 63,990 – 056 INR.

Travail à faire

1. Quel est le pays prospecté ?
2. Pour vous, cette cotation est-elle une cotation au certain ou à l'incertain ?
3. Lequel des deux cours allez-vous retenir pour établir le budget prévisionnel de votre déplacement ?
4. Calculez le cours INR (100) contre EUR.

Exercice 2

Le 2 janvier vous attendez, pour l'échéance du 2 mars, le paiement de factures pour un total de 200 000 USD. Vous devez d'autre part régler au 3 février un achat important (150 000 USD) à un fournisseur américain. Vous n'avez pas couvert votre risque de change, car vous pensiez que les deux opérations se compenseraient. Mais les échéances ne correspondent pas…

Travail à faire

Que pouvez-vous faire (plusieurs réponses sont possibles) ?

Exercice 3

Vous venez de commander des chaussures de sport à un fournisseur américain pour un montant de 125 000 USD, payable à 60 jours.

Au comptant 1 EUR = 1,385/1,389 USD.

À 60 jours, l'EUR est en report contre USD de 0,005.

La banque prélève une commission de change de 1 ‰.

Travail à faire

1. Vous vous couvrez à terme : quel est votre coût d'achat ?
2. Vous ne vous couvrez pas. Quel est votre coût d'achat ?

6.2 Mettez en application

Exercice 1

Votre entreprise commercialise en France et à l'exportation des matériels de manutention : chariots élévateurs, tapis roulants, etc.

Vous avez fait une offre 550 000 USD à un client américain pour un matériel dont le coût de revient complet s'établissait à 360 000 EUR. Le délai de paiement convenu est de deux mois, et la livraison est prévue dans 120 jours. Vous avez établi votre prix sur la base du cours au comptant à la date de l'offre.

La commande vient de vous parvenir, et vous craignez d'importantes variations du dollar dans la période à venir. Pour ne pas mettre en jeu la rentabilité de l'opération, vous souhaitez donc vous couvrir du risque de change.

Votre banquier vous fournit les éléments suivants :

- cours spot (cours comptant) de l'USD : 1 EUR = 1,395/1,400 USD ;
- vente à terme : déport à 6 mois de l'EUR contre USD : 0,020.

Travail à faire

1. Calculez le cours maximal de l'EUR contre USD que vous devez obtenir pour assurer une marge d'au moins 10 %.

2. La vente à terme vous permet-elle d'atteindre cet objectif de rentabilité ?

3. Concluez.

Exercice 2

Le 4 novembre, vous avez livré deux conteneurs de conserves à un client anglais, pour un total de 25 000 GBP, payables à fin décembre.

Ayant besoin de trésorerie, vous demandez à votre banque une avance en GBP, échéance 4 janvier, pour le montant facturé. Elle vous est accordée au taux de 4 % l'an.

Travail à faire

Quel montant net recevrez-vous sur la base des informations suivantes ?

Le 6 novembre, 1 EUR = 0,690/0,694 GBP

Le 4 janvier, 1 EUR = 0,695/0,698 GBP (hypothèse)

Commission de change : 0,5 %

Exercice 3

Vous avez acheté le 10 septembre une option à l'européenne de 1,5 million d'USD, échéance au 10 décembre, de type CALL EUR/PUT USD, prix d'exercice 1 EUR = 1,35 USD, parce que vous aviez fait une offre de ce montant à un prospect mexicain pour un système de pompage et de relevage d'eaux d'irrigation. Vous apprenez le 6 novembre que votre offre n'est pas retenue.

Travail à faire

Que faites-vous ? (Plusieurs solutions sont possibles).

exercices

6.3 Passez le BTS

Exercice 1

Omnitube est une PME du secteur de la plasturgie, implantée dans l'Est de la France, et spécialisée dans la fabrication de goulottes, moulures et plinthes pour la distribution électrique.

L'entreprise a développé son marché grâce aux artisans électriciens, qui recherchent des solutions simples, économiques et rapidement mises en œuvre pour l'équipement électrique de l'habitat individuel et collectif, en particulier en rénovation. Le développement du câblage informatique dans l'immobilier de bureau a aussi constitué une opportunité que l'entreprise a su exploiter.

Forte de ses succès sur les marchés proches, Omnitube a mis en place une véritable politique d'exportation. Le tableau ci-dessous indique la répartition du chiffre d'affaires de l'entreprise par pays et par type de client.

Pays	France		Reste UE et Suisse		États-Unis Canada		Hong Kong		Reste du monde (1)	
Clients	CA	Nbre	CA	Nbre	CA	Nbre	CA	Nbre	CA	Nbre
Artisans installateurs	1 872	216	346	16					58	1
Grossistes	1 344	22	2 160	25					22	1
GSS	1 584	2	950	4					58	1
Filiales			518	1	1 440	2				
Importateurs distributeurs			346	2			720	1	583	11

CA : chiffre d'affaires en milliers d'EUR ; Nbre : nombre de clients directs.
(1) Norvège, Australie, Nouvelle-Zélande.

Travail à faire

1. Évaluez l'intensité du risque dans chaque pays.
2. L'entreprise est contactée par un importateur turc ; le potentiel du marché est important. Le courant d'affaires envisagé est de l'ordre de 800 000 EUR par an. Évaluez le risque.

Exercice 2

Votre entreprise vend régulièrement à un client allemand, Thysse, pour lequel vous avez une autorisation d'encours de votre assureur crédit pour 50 000 EUR. Vous accordez un délai de paiement de 30 jours à compter de la date d'expédition. Les relations financières avec ce client sont décrites ci-dessous :

En K EUR

Dates	3 janvier	février	13 mars	20 avril	6 mai	15 juin
Factures	15		89	150	70	30
Dates	janvier	9 février	mars	17 avril	24 mai	13 juin
Encaissements		12		90	120	100

Travail à faire

À partir des montants des ventes facturées et des encaissements des six derniers mois sur ces clients, déterminez l'encours de créances et commentez son évolution. Quelles conséquences pourraient en découler en cas d'impayé ?

Exercice 3

Vous avez conclu une police d'assurance Globalliance auprès de la Coface :

- durée maximale de crédit de 180 jours ;
- délai maximum avant demande d'intervention ;
  - 180 jours comptés à partir de l'échéance initiale ou régulièrement prorogée,
  - 30 jours en cas d'insolvabilité de droit du débiteur (faillite, règlement judiciaire...) si cet événement intervient avant l'expiration du délai de 180 jours précité ;
- délai constitutif de sinistre : 5 mois ;
- quotité garantie : 90 % ;
- délai d'indemnisation : 30 jours.

Slovtek est un importateur distributeur slovène pour lequel la Coface a autorisé un encours de 10 000 EUR. Le 1er mai, il passe une commande, que vous acceptez. Le matériel est livré et facturé le 1er juin pour un montant de 18 000 EUR à échéance du 30 août.

Le 4 septembre, Slovtek prévient qu'il n'est pas en mesure d'honorer l'échéance du 30 août. Il demande à bénéficier d'un crédit supplémentaire de 1 mois. Vous décidez de lui accorder ce délai.

Le 31 octobre, le client n'a toujours pas réglé, et vous décidez de demander l'intervention de la Coface.

Travail à faire

1. À partir du 30 juin, quel est le risque résiduel potentiel supporté par l'entreprise ?
2. Quelles mesures permettaient d'éviter cette prise de risque ?
3. Quelle mesure devez-vous prendre pour sauvegarder vos droits d'assuré ?
4. Le 31 octobre, quelle est la conséquence pratique de la demande d'intervention ?

6.1 *Vérifiez vos connaissances*

Exercice 1

1. Le pays prospecté est l'Inde, dont la monnaie est la roupie indienne. Code ISO : INR.
   Rappel : Le code international répond à la norme ISO 4217 (voir www.iso.org). Les deux premières lettres définissent le pays, la troisième est l'initiale de la monnaie dans la langue du pays. L'euro (code EUR) est donc une des exceptions à cette règle.
2. C'est une cotation au certain pour un Européen (à l'incertain pour un Indien).
3. L'exportateur a des EUR et veut des INR ; il va être vendeur d'EUR contre INR, il doit donc prendre le plus bas des deux cours (de l'EUR), soit 1 EUR = 63,990 INR.
   Rappel : Si on achète des EUR contre devises, on les achète « cher » (au plus élevé des deux cours EUR contre devise) ; si on les vend, on ne les vend « pas cher » (au plus bas des deux cours). La différence, appelée « spread », rémunère la banque.
4. On a 1 EUR = 63,990 – 64,056 INR (le cours de droite est nécessairement plus élevé que celui de gauche, ce ne peut donc pas être 63,056).
   D'où 100 INR = 100/64,056 – 100/63,990 EUR.
   100 INR = 1,5611 – 1,5627 EUR. On écrira INR (100)/EUR = 1,5611/1,5627.

Exercice 2

Il faut refermer votre position de change pour ne conserver que 50 000 USD en risque. Pour cela vous pouvez :

a) Demander un report d'échéance à votre fournisseur, contre paiement d'intérêts de retard sur un mois.

b) Proposer à vos clients de payer de façon anticipée contre un escompte.

c) Demander à votre banquier une avance en devises de 150 000 USD sur un mois pour payer votre fournisseur. Vous la rembourserez avec vos encaissements en USD (et subirez des intérêts).

Exercice 3

1. Vous êtes vendeur d'EUR contre USD. Vous devez donc considérer le plus bas des deux cours de l'EUR, soit 1,385.
   On a : Cours à terme = Cours au comptant + report.
   Soit ici : CT = 1,385 + 0,005 = 1,390.
   Coût de l'importation : 125 000/1,390 = 89 928,06 EUR, auxquels il faut ajouter la commission de change.
   Coût total : 89 928,06 × 1,001 = 90 018 EUR.
2. Si vous ne vous couvrez pas, le coût de l'opération dépendra du cours auquel vous achèterez les USD à l'échéance. Ce cours ne peut être connu aujourd'hui : c'est là que réside le risque de change.

6.2 *Mettez en application*

Exercice 1

1. Pour que l'opération dégage une marge brute de 10 % du prix de vente, il faut que la contrevaleur en EUR du prix de vente (appelée x) soit telle que x – (x × 10 %) >= 360 000 EUR ; soit x >= 360 000/0,90 soit 400 000 EUR.
   Le prix de vente est de 550 000 USD. Le cours pratiqué y doit donc être tel que 550 000/y >= 400 000. Soit y <= 550 000 / 400 000 => y <= 1,375 (1 EUR <= 1,375 USD)
2. On a : Cours à terme = Cours Comptant – déport, soit
   Cours à terme = 1,400 – 0,02 = 1,380. L'objectif d'un cours inférieur à 1,375 n'est pas atteint, et la marge prévue ne le sera pas non plus.
   Vérification : à ce cours de 1,380, la vente nous rapporte 550 000/1,380 = 398 551 EUR. La marge est donc de 38 551 EUR, soit un peu moins de 10 % du prix de vente.
3. Conclusion : le prix aurait dû être établi en prenant le cours à terme à la date de l'offre comme cours de conversion, afin d'anticiper autant que possible sur le cours à terme à la date de la commande.

Exercice 2

Le 6 novembre, vous empruntez 25 000 GBP. Vous les vendez au comptant (vous achetez des EUR contre GBP). Vous recevez :

(25 000/0,694) × 0,995 = 35 842,94 EUR.

commission ↑ (0,995)

Le 4 janvier, le banquier vous réclame 25 000 GBP, plus les intérêts, soit

25 000 + (25 000 × 4% × 2/12) = 25 167 GBP.

2 mois ↑ (2/12)

Vous en avez reçu 25 000 du client anglais, il faut donc en acheter 167 au comptant.

Ceci vous coûte : (167/0,695) × 1,005 = 241,49 EUR.

commission ↑ (1,005)

La vente vous a donc rapporté net : 35 842,94 – 241,49 = 35 601,45 EUR.

Exercice 3

L'option a été choisie pour vous couvrir du risque de change en phase d'offre. Elle n'a plus d'utilité.

Vous pouvez :

a) La revendre, pour récupérer tout ou partie de la prime versée, puisque l'option a encore un mois de validité. La prime que vous recevrez (le prix de vente de l'option) sera d'autant plus importante que le prix d'exercice sera intéressant par rapport au cours du jour à la date d'aujourd'hui (6 novembre), c'est-à-dire d'autant plus que l'EUR aura monté contre USD entre le 10 septembre et le 6 novembre.

b) La conserver pour spéculer à la hausse de l'EUR contre USD d'ici l'échéance. Si l'EUR monte, vous vendrez des EUR contre USD à un prix plus élevé que celui de 1,35 auquel votre contrepartie s'est engagée à vous les acheter, réalisant ainsi une plus-value immédiate. Si l'euro baisse contre USD, vous perdrez définitivement la prime payée au départ.

6.3 Passez le BTS

Exercice 1

1. **France** : le risque sur les artisans installateurs est réparti sur un grand nombre de clients, et peut être considéré comme faible (CA moyen : 8,7 KEUR/an). Il en est de même pour les grossistes. En revanche les créances vis-à-vis de sociétés de distribution (grandes surfaces spécialisées) atteignent un niveau (+ de 700 KEUR en moyenne) qui mettrait l'entreprise en difficulté en cas de problème. À surveiller de près, au moins.

   Reste UE et Suisse : Pas de problème compte tenu de la répartition des ventes, si elle est équilibrée dans chaque catégorie. Les mesures habituelles de surveillance s'imposent toutefois.

   USA-Canada : pas de problème avec des filiales, nous sommes assurés d'être payés.

   Hong Kong : un importateur pour 720 K EUR. Un très gros risque. Il faut prendre des garanties.

   Reste du monde : 58 K EUR sur un installateur ? Cela semble beaucoup. Des garanties s'imposent. Attention aussi aux importateurs.

   Une assurance crédit pourrait être la solution, tant en France qu'à l'export.
2. Un importateur peut présenter un risque élevé de défaillance, d'autant que les moyens de pression sur lui sont limités : il pourra toujours trouver d'autres fournisseurs si nous arrêtons de le livrer. Si l'entreprise n'a pas d'assurance crédit, Il faut prendre des garanties (type LCSB par exemple). Le cas est à rapprocher de celui de l'importateur chinois.

Exercice 2

L'encours de créances correspond au montant cumulé des factures émises et non réglées. En se plaçant en fin de mois, on obtient :

Dates	janvier	février	mars	avril	mai	juin
Factures	15		89	150	70	30
Encaissements		12		90	120	100
Encours	15	3	92	152	102	32

L'encours est resté plusieurs mois nettement supérieur au montant autorisé. Des dépassements supérieurs à ceux indiqués dans le tableau ont même eu lieu à certains moments (222 K EUR entre le 6 et le 24 mai par exemple).

L'assureur appliquerait une réduction proportionnelle de l'indemnité en cas de sinistre.

Il faut obtenir une autorisation plus élevée, réduire la durée de crédit (difficile), ou prendre des garanties (LCSB par exemple). Il faut aussi pointer avec le client les retards de règlement, et peut-être retarder une livraison si la précédente n'est pas réglée.

Exercice 3

1. Découvert autorisé : 10 000

Quotité garantie : 9 000 (1 000 + 8 000)

Quotité non garantie : 1 000

Dépassement : 8 000 (18 000 – 10 000)

Risque résiduel : 9 000

En fait, la moitié de la créance n'est pas couverte.

2. L'entreprise aurait pu :

- faire une demande de dépassement temporaire auprès de l'assureur,
- fractionner commande et livraison pour ne pas dépasser le découvert autorisé,
- demander un acompte de 8 000 EUR,
- demander un paiement par crédit documentaire pour tout ou partie du montant.

3. Il est temps de faire à l'assureur une déclaration de « menace de sinistre », avec demande d'intervention.

4. L'assureur devient subrogé dans nos droits, et le délai constitutif de sinistre démarre.

28

La fonction achats

Longtemps négligés au profit de la production et de la vente, les achats sont apparus comme un gisement de productivité à condition de les gérer efficacement et, au-delà, de considérer la fonction achats comme une fonction à part entière.

1 Les spécificités de la fonction achats

A Fonctions achats et approvisionnements

Ces deux fonctions participent au succès de l'entreprise et ne sont pas souvent dissociées dans les PME. Cependant, elles correspondent à des réalités et des logiques différentes.

La **fonction achats** est responsable de l'acquisition des biens et services nécessaires au fonctionnement de l'entreprise :

- elle est une fonction transversale avec des objectifs à moyen et long terme ;
- elle suppose une connexion permanente avec les autres fonctions de façon à percevoir leurs attentes et objectifs ;
- elle s'inscrit dans une logique d'optimisation avec contrôle des coûts globaux.

La **fonction approvisionnements** gère des flux et se conçoit comme une fonction logistique. Elle correspond à un aspect opérationnel.

B Les enjeux de la fonction achats

Ces enjeux se situent à trois niveaux :

- renforcer la rentabilité ;
- apporter une meilleure réponse aux attentes et exigences des marchés ;
- intégrer les achats dans une stratégie de développement durable.

• *Un enjeu financier*

La fonction achats influence de façon décisive la rentabilité de l'entreprise.

Exemple

Situation 1

Marge brute = 10	Chiffre d'affaires = 100
Charges d'exploitation = 30	
Achats = 60	

Situation 2

Hypothèse : une organisation plus rationnelle des achats et de meilleures négociations permettent d'obtenir une réduction de 5 % du coût d'achat sans modification des charges d'exploitation.

Marge brute = 13	Chiffre d'affaires = 100
Charges d'exploitation = 30	
Achats = 57	

Conséquence : La marge brute passe de 10 à 13 soit une augmentation de 30 % et de 3 % du chiffre d'affaires.

La gestion performante des achats préserve la rentabilité de l'entreprise confrontée à une concurrence de plus en plus sévère sur les prix.

• *Un enjeu commercial*

Le développement de l'entreprise passe par la consolidation de ses positions actuelles sur ses marchés et la conquête de nouveaux débouchés. Ces objectifs l'obligent souvent à adapter son produit pour répondre aux attentes des clients mais aussi à respecter les contraintes réglementaires des pays-clients.
Dans les deux cas, elle peut être amenée à rechercher de nouveaux fournisseurs qui lui vendent, par exemple, des composants conformes aux normes. Elle est alors capable de formuler une offre pertinente en terme de compétitivité-produit.

• *Un enjeu sociétal*

Les achats doivent contribuer à la stratégie de développement durable de l'entreprise et à sa responsabilité sociale (**RSE**). Cette démarche consiste à ne pas rechercher une performance uniquement financière mais à prendre en compte la dimension sociale et environnementale. De ce fait, il convient de développer une nouvelle approche des fournisseurs en privilégiant ceux qui respectent cette dernière dimension.

Exemple

Les « achats responsables » intègrent des critères sociaux et environnementaux : respect des droits de l'homme, de l'enfant, commerce équitable, prévention des risques, respect des conditions de travail…

(C) Place et rôle de la fonction achats

La place et le rôle dévolus à la fonction achats varient selon les entreprises. Les différentes conceptions marquent une évolution où il est possible de repérer 4 stades.

- *Une fonction d'exécution*

La fonction achats est chargée de mettre à disposition les produits demandés dans les délais souhaités en essayant de maîtriser les coûts d'achat.

- *Une logique d'optimisation*

La mise en place d'un processus de sélection des fournisseurs et la prise en compte du coût global d'achat dans le cadre de la gestion budgétaire correspondent à une recherche d'optimisation à court et moyen terme.

- *Une fonction à part entière*

La fonction achats apporte des informations et joue un rôle actif dans l'élaboration des projets de moyen terme. Elle contribue à la conception des produits, à la mise en place d'un système d'assurance qualité…

- *Une composante de la stratégie globale de l'entreprise*

La fonction achats participe alors pleinement à la compétitivité de l'entreprise et travaille notamment au développement de partenariats avec certains fournisseurs.

2 L'analyse des achats

La principale difficulté de la fonction achats est la multitude des produits concernés. Il convient donc de les répertorier, de les hiérarchiser selon leur importance afin de déterminer la façon de les acheter. Différentes solutions existent pour opérer ce travail comme la **méthode ABC**.

(A) Principe de la méthode ABC des produits

Cette méthode consiste à reporter sur un diagramme, dit de PARETO, la liste des produits classés selon les montants annuels décroissants des achats.

Exemple

Une entreprise a recensé dix familles de produits et les montants annuels de leurs achats en dizaines de milliers EUR.

Tableau 1

Produits	Achats annuels
P1	80
P2	60
P3	1 250
P4	200
P5	1 000
P6	150
P7	180
P8	30
P9	40
P10	10
Total	3 000

Tableau 2

Produits	Achats annuels	Achats cumulés	Constat
P3	1 250	1 250	20 % des produits et 75 % des achats
P5	1 000	2 250	
P4	200	2 450	30 % des produits et 18 % des achats
P7	180	2 630	
P6	150	2 780	
P1	80	2 860	50 % des produits et 7 % des achats
P2	60	2 920	
P9	40	2 960	
P8	30	2 990	
P10	10	3 000	

Classement des produits selon l'importance des achats par ordre décroissant

Le tableau distingue 3 zones qui présentent, en général, les caractéristiques suivantes :

- la zone A dite des 20/80 où 20 % environ des articles, qui font l'objet des achats les plus importants, correspondent à, approximativement, 80 % du montant total des achats ;
- la zone B : 30 (à 40) % des articles suivants comptent pour environ 15 % des achats ;
- la zone C : 40 (à 50) % des derniers correspondent à des achats de l'ordre de 5 % du total.

Ce classement en zones sert à définir le traitement des achats des différents produits.

Produits de la zone A

Peu nombreux par définition et repérables par leur poids dans les achats, ils sont constitués le plus souvent :

- des matières premières principales ou des produits phares,
- des achats éventuels de sous-traitance,
- des biens d'investissement.

Ces produits sont en général achetés auprès d'un petit nombre de fournisseurs et avec beaucoup d'attention. L'acheteur doit :

- savoir négocier et contractualiser la relation,
- envisager de développer des échanges techniques avec le fournisseur de façon à assurer la meilleure adéquation possible des biens achetés aux besoins de l'entreprise,
- optimiser les flux physiques avec la définition du rythme d'approvisionnement et le choix des meilleures solutions logistiques.

Produits de la zone B

Les volumes achetés justifient la mise en concurrence systématique des fournisseurs afin d'améliorer la compétitivité par des gains sur des achats significatifs. L'acheteur joue un rôle plus commercial que technique.

Produits de la zone C

Ils représentent un montant d'achat faible. Le fait de les acheter plus ou moins chers ne met pas en péril l'assise financière de l'entreprise et la gestion rigoureuse des stocks ne présente qu'un intérêt limité.

Ces produits sont souvent acquis auprès de grossistes et le profil de l'acheteur est plutôt un gestionnaire qu'un négociateur.

B Les limites de l'analyse ABC

Elles se situent au niveau au niveau de la méthode elle-même et à celui de la production des données utiles.

• Une analyse quantitative

Le raisonnement repose uniquement sur le montant des achats or l'activité, l'apport d'une entreprise s'apprécie par sa valeur ajoutée. Il convient donc de pondérer l'analyse ABC par la prise en compte de la contribution de chaque produit à la création de richesses. L'acheteur doit se rapprocher des autres services en aval pour apprécier cette dimension.

• La qualité des informations disponibles

Cette analyse requiert un regroupement des achats en familles de produits. Le système d'information de l'entreprise doit le rendre possible grâce à une codification homogène.

C Les autres analyses

D'autres analyses peuvent être également menées.

• Par nature de produits

Les achats sont répartis par grandes familles de produits (matières premières, frais généraux, sous-traitance de maintenance, biens d'équipement…). Cette analyse est intéressante au niveau organisationnel car elle permet d'identifier, pour chaque catégorie d'achat, les interlocuteurs au sein de l'entreprise.

• Par le portefeuille d'achats

La construction de ce portefeuille nécessite de repérer les contraintes d'achats que supporte l'entreprise. Ces dernières peuvent être d'origine interne (faible puissance d'achat, cahier des charges très exigeant…) ou d'origine externe (étroitesse du marché fournisseurs, technologies à évolution rapide…). Après avoir établi la liste complète de ces contraintes, puis de les avoir quantifiées, il est alors possible de dresser la carte des achats et de faire apparaître 4 catégories auxquelles correspondent des stratégies spécifiques :

- achats simples ;
- achats à négociation interne ;
- achats à négociation externe ;
- achats difficiles.

29

L'internationalisation des achats

La globalisation des marchés entraîne une exacerbation de la concurrence sur les marchés nationaux et étrangers. La banalisation des technologies, la rapidité de diffusion de l'innovation, le raccourcissement de la durée de vie des produits s'ajoutent à la volatilité de la demande pour fragiliser toute position de force.

Dans ce contexte, la préservation et l'amélioration de la compétitivité apparaissent comme une condition de pérennité de l'entreprise.
La maîtrise des coûts et notamment des coûts d'achats s'avère plus indispensable que jamais. Elle conduit à une diversification des sources d'approvisionnement au-delà des frontières.

1 Les facteurs favorables à l'internationalisation des achats

De plus en plus, les firmes s'approvisionnent hors des frontières nationales. Leur zone d'achat s'est logiquement étendue au niveau européen puis au monde entier. Deux facteurs principaux expliquent cette évolution.

A Une incitation forte

Dans de nombreux cas, le prix de vente s'impose comme une donnée du marché. Il laisse peu de marge de manœuvre à l'entreprise et modifie profondément la logique d'approche du marché.
L'équation « coût de revient + bénéfice = prix de vente » s'appréhende alors sous la forme :
« prix de vente – bénéfice = coût de revient ».
La minimisation du coût de revient devient un objectif prioritaire. Or, les achats représentent, en moyenne, plus de la moitié de ce coût, de sorte que les entreprises s'efforcent s'approvisionner au meilleur prix. En élargissant leur zone d'approvisionnement, elles cherchent à profiter des différences significatives pratiquées entre les prix des produits d'un pays à l'autre.

(B) Des facteurs facilitateurs

L'achat international ne suscite plus ni difficulté, ni surcoût majeur par rapport à un approvisionnement local. Trois faits et évolutions y contribuent :

- la libéralisation des échanges sous l'égide du GATT puis de l'OMC s'accompagne :
  - d'une baisse des droits de douane ;
  - d'une réduction des entraves aux échanges.
- l'amélioration des conditions de transport et de manutention, dans le sens d'une plus grande rapidité et d'une fiabilité accrue, garantissent la sécurité des délais et des marchandises acheminées ;
- les progrès dans la communication des informations facilitent la traçabilité et le suivi des envois en temps réel.

2 La recherche des fournisseurs étrangers

La recherche des fournisseurs potentiels passe par la définition aussi précise que possible de leur profil afin de faciliter leur identification et leur recensement.

(A) Le profil du fournisseur

Le **profil du fournisseur** est déterminé par une batterie de critères qui expriment les attentes et exigences de l'entreprise pour ses approvisionnements et ses relations commerciales. Il s'agit :

- de critères commerciaux tels que la notoriété du fournisseur, les prix et les conditions de paiement ou encore la qualité des services annexes (délai de livraison, emballage, SAV…) ;
- de critères techniques, comme la rapidité d'exécution de la commande, les contrôles de la qualité, l'expertise technique… ;
- de critères de gestion qui met l'accent sur la possibilité d'établir de bonnes relations commerciales grâce à un service administratif efficace, à un personnel stable…

Les **certifications internationales** comme les normes ISO comme 9000, 14000 constituent des critères pertinents car universels et significatifs d'un niveau d'expertise.

(B) Les zones d'approvisionnement

La délimitation de ces zones pend en compte :

- la nature du produit ;

Exemple

Tout aléa dans l'approvisionnement en alternateurs qui seront intégrés dans les voitures, risque de bloquer la chaîne de fabrication.

• le type de relation recherché ;

Exemple

Les partenariats se nouent plus facilement entre entreprises implantées dans des pays parvenus à des niveaux technologiques comparables.

• l'organisation de l'entreprise ;

Exemple

Un fonctionnement en flux tendus suppose une proximité géographique des fournisseurs.

C L'identification des fournisseurs

Pour cette recherche des fournisseurs, il est possible d'utiliser les sources d'informations traditionnelles et aussi Internet.

• Les sources traditionnelles d'information nationales ou étrangères telles que

• les associations et syndicats professionnels ;
• les chambres de commerce franco-étrangères ;
• les chambres de commerce françaises implantées dans les pays ciblés ;
• les chambres de commerce locales ;
• les Euro Info Centres ;
• les services commerciaux des ambassades des pays concernés ;
• les catalogues officiels des salons ;
• la presse professionnelle.

CONSEIL

Les Missions économiques aident les exportateurs français et non les importateurs. Elles ne prêtent leur concours à ces derniers que si les produits concernés ne sont pas fabriqués en France.

• La recherche sur Internet s'appuie sur des

• moteurs de recherche à partir des mots-clés issus du profil défini pour le fournisseur ;
• annuaires en ligne comme Kompass, Europages ;
• **places de marché** qui, sur la base d'un abonnement, permettent la consultation de catalogues en ligne et la mise en relation des acheteurs et fournisseurs.

Cette phase d'identification est suivie d'une collecte d'informations complémentaires par :
• la consultation des sites des entreprises ;
• la demande de renseignements.

Il s'agit d'opérer un premier tri avant de rencontrer les fournisseurs lors d'une mission de prospection ou d'un salon ou encore de les inviter en France, si l'importance des achats le justifie.

Exemple

Dans l'agroalimentaire, la visite des installations du fournisseur est un préalable incontournable pour vérifier le respect des normes d'hygiène.

3 La sélection des fournisseurs

Cette sélection s'articule en 3 phases.

Phase 1

Elle correspond à un premier tri qui élimine tout fournisseur ne satisfaisant pas un critère jugé déterminant.

Exemple

Absence d'homologation ISO 9001 alors qu'elle est considérée par l'entreprise comme la preuve du niveau d'assurance-qualité qu'elle exige de ses fournisseurs.

Phase 2 : analyse multicritères

Le choix d'un fournisseur ne s'appuie pas sur un seul critère, mais prend en compte plusieurs d'entre eux au travers d'une analyse multicritères qui :

- reprend les critères définissant le profil du fournisseur ;
- leur attribue une pondération en fonction de leur importance ;
- les évalue par une note (de 0 à 5 ou 10 par exemple) ;
- détermine une note globale à chaque fournisseur par le calcul d'une moyenne arithmétique pondérée.

Exemple

Grille de sélection d'une entreprise industrielle

Évaluation des fournisseurs (F)					Note pondérée		
Critères de sélection retenus	Pondération retenue en %	F 1	F 2	F3	F1	F2	F3
Capacité technique	20	4	3	3	0,8	0,6	0,6
Délais proposés	10	5	2	4	0,5	0,2	0,4
Garanties	20	4	4	3	0,8	0,8	0,6
Coût d'achat	25	3	5	4	0,75	1,25	1
Capacité de production	15	4	4	3	0,6	0,6	0,45
Capacité d'adaptation	10	4	3	4	0,4	0,3	0,4
Total	100				3,85	3,75	3,45

D'après *Exporter*, éditions Foucher, 21e édition, page 518.

Les résultats de cette évaluation désignent le ou les meilleur(s) fournisseur(s) pour l'achat considéré.

La phase finale

Il s'agit de valider les résultats des analyses précédentes et de corriger leurs éventuelles erreurs d'interprétation. Cette sélection définitive s'effectue avec les services utilisateurs qui sont appelés à prononcer sur la « short list » qui leur est soumise.

Pour des raisons évidentes de temps et de coûts, seuls les produits stratégiques font l'objet de la totalité de cette procédure.

30

La gestion de l'achat

L'analyse des achats et des offres des fournisseurs contribue à définir une politique d'achat qu'il convient désormais de mettre en œuvre.

1 Le lancement de la procédure d'achat

Les interventions du service achats diffèrent selon qu'elles concernent des approvisionnements réguliers ou des achats ponctuels.

(A) Approvisionnements réguliers

Le service achats négocie, avec les fournisseurs, un contrat cadre pour une période le plus souvent annuelle et plusieurs expéditions. Il en résulte une automaticité et une standardisation des opérations qui réduisent les coûts et aussi les erreurs sur les commandes.

(B) Achats ponctuels

Le service achats reçoit, d'un service utilisateur de l'entreprise :

- une demande d'achat qui précise la quantité achetée et le délai ;
- un cahier des charges qui est :
  - technique quand il mentionne les caractéristiques techniques du produit à acheter ; les normes de qualité souhaitées, les standards à respecter ;
  - fonctionnel quand le service concerné ne peut définir précisément ces caractéristiques techniques faute de posséder les compétences idoines et formalise aussi précisément que possible le besoin de l'entreprise.

Exemple

L'entreprise chimique souhaite contrôler l'accès à ses usines et à certains laboratoires grâce à un système de cartes à puces multiservices. N'ayant aucune compétence technique dans ce domaine, elle se contente d'énumérer la liste des prestations qu'elle souhaite obtenir dans ce cahier des charges fonctionnel.

2 La consultation de fournisseurs

L'objectif est de trouver l'entreprise qui pourra fournir les produits recherchés dans les meilleures conditions possibles. Il s'agit d'arbitrer entre contacter un grand nombre de fournisseurs au risque d'y passer beaucoup de temps ou un petit nombre au risque de ne pas trouver une solution satisfaisante. Le nombre et le degré de précision des exigences ainsi que la situation du marché jouent un rôle important à ce niveau.

(A) La consultation de fournisseurs référencés

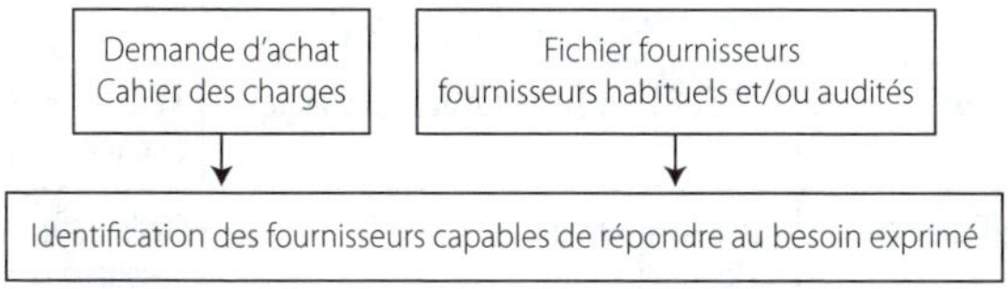

La consultation des fournisseurs pressentis s'effectue par :

- **une demande d'offres** qui reprend les spécifications techniques imposées par le service utilisateur et les exigences du service achats telles que les pénalités de retard, la garantie, le document contractuel, les conditions générales d'achat ;
- **un appel d'offres restreint**. Outre le cahier des charges technique, il comporte l'ensemble des conditions d'achat de façon plus formelle. Il constitue le document de base permettant aux fournisseurs d'établir l'offre la mieux adaptée aux besoins de l'acheteur encore appelé « donneur d'ordre » ;
- **des enchères inversées**. Ces enchères s'effectuent dans le cadre des places de marché. Elles sont organisées par l'acheteur qui, sur la base d'exigences très précises en matière de produit, quantité, délai de livraison… réunit en ligne un certain nombre de fournisseurs potentiels. Ces derniers indiquent leur prix qu'ils baissent progressivement au cours des enchères. Au terme d'un délai court et fixé à l'avance, l'offre la moins chère est retenue.

(B) La consultation de fournisseurs non référencés

Deux raisons principales conduisent l'entreprise à contacter ces fournisseurs non repris dans son fichier :

- un nouveau besoin formulé par un service de l'entreprise ;
- le souhait de réduire la dépendance vis-à-vis des fournisseurs actuels.

Le service achats élabore un appel d'offres comme précédemment mais au lieu de l'adresser à une liste de fournisseurs, il le publie dans des journaux spécialisés. D'où l'expression « appel d'offres ouvert ».

3 Évaluation des offres des fournisseurs

Les réponses des fournisseurs doivent être harmonisées car elles ne sont pas toujours homogènes. Leur traitement a pour objectif de mettre en évidence et de rendre comparables des éléments jugés essentiels comme :

- les conditions d'approvisionnement (délai de livraison, transit time, contrainte quantitative, etc.) ;
- le coût d'acquisition afin de confronter les offres locales et étrangères sur des bases identiques.

Exemple

Un fabricant de jouet a reçu 2 offres pour un colorant DHG jaune permanent :

	Offre d'une entreprise française	Offre d'une entreprise indienne
Prix	9,80 EUR HT le kg franco domicile Nantes	11 USD le kg FCA Bombay pour une commande minimale de 7 200 kg
Règlement	Virement à 30 jours de la date de facturation	Crédit documentaire réalisable par traite à 60 jours du connaissement

La comparaison des coûts d'acquisition oblige à retraiter l'offre de la firme indienne pour tenir compte :

- des frais de logistique (acheminement de Bombay jusqu'à Nantes, manutention, stockages éventuels…) ;
- des droits de douane ;
- des charges induites par les conditions de paiement (coût du crédit documentaire, couverture du risque de change) ;
- des frais de stockage supplémentaires liés à la fixation d'une quantité minimale ;
- du coût de gestion de cette opération.

Ce travail de comparaison des propositions conduit à sélectionner quelques entreprises dont le nombre varie selon la situation plus ou moins concurrentielle du marché et la pertinence des offres.

4 Caractéristique de la négociation achats

Cette négociation n'est pas systématique et ne concerne pas notamment les achats sur appels d'offres (ou seulement la marge) et les enchères inversées. Elle doit aboutir à ce que l'acheteur obtienne un produit conforme à ses attentes et ce, dans les meilleures conditions possibles. Lors de sa préparation, l'acheteur :

- reprend la demande et les contraintes qu'il a formulées, détermine les points négociables ou pas et donc sa marge de manœuvre ;
- choisit les arguments à faire valoir pour obtenir les conditions les plus favorables : volume d'achat, notoriété de l'entreprise, stabilité financière ou encore durée de l'engagement… ;
- tient compte des particularités du marché, et en particulier du rapport de force acheteur/vendeur ; intègre l'incidence de la dimension interculturelle.

5 La passation de la commande

La passation de commande est un acte juridique important car il engage l'importateur. Elle se déroule selon deux modalités.

(A) *Passation classique*

Elle se fait par :

- l'émission d'un bon de commande accompagné des conditions générales d'achat ;
- la signature d'un contrat dans le cas d'un achat de bien d'équipement nécessitant un montage, une maintenance ou encore une formation ;
- la signature d'un contrat-cadre qui fait évoluer la relation traditionnelle acheteur-vendeur vers un partenariat et simplifie la passation de commande en la réduisant à une télécopie ou encore un mail ou un message EDI.

Il convient ensuite d'assurer le suivi de cette commande qui consiste à :

- vérifier que le fournisseur a transmis un accusé de réception de commande ;
- le relancer avant l'expédition afin d'éviter tout retard ;
- prendre en charge le transport, l'assurance, le dédouanement selon l'incoterm ;
- réceptionner, contrôler la marchandise et éventuellement, émettre des réserves (voir Cours 8 *L'assurance des marchandises transportées*).

(B) *L'e-procurement*

Les logiciels d'e-procurement permettent d'automatiser les procédures d'achat. Ils sont généralement utilisés par de grandes entreprises qui y voient deux avantages :

- une diminution importante des coûts de gestion administrative des achats ;
- une amélioration de la réactivité ;
- une réduction des achats effectués auprès de fournisseurs non référencés et à des prix souvent supérieurs à ceux négociés par le service achats.

6 Les opérations post-achat

Elles relèvent de l'évaluation et du contrôle et participent à l'amélioration des procédures.

(A) *Le calcul du coût de revient à l'import*

CONSEIL

Le terme « coût de revient » est ici abusif car il s'agit d'un coût d'achat mais cette confusion est fréquente !

L'évaluation du coût d'achat reprend :

- les charges supportées en amont pour la documentation, l'achat de fichiers, l'identification des fournisseurs ;
- le montant facturé par le fournisseur et les frais engagés pour transporter les produits commandés jusqu'au lieu souhaité (manutention, acheminement,

assurance, dédouanement…), pour contrôler l'expédition et pour opérer le règlement (coût des techniques de paiement, de la couverture du risque de change…) ;

- le coût du service achats (frais de personnel, de déplacement, dépenses de fonctionnement telles que amortissement des matériels et des locaux, consommation d'énergie, communications…).

(B) L'évaluation et le contrôle des achats

Il s'agit :

- d'enregistrer les opérations réalisées par la mise à jour des fichiers « fournisseurs » et « produits » ;
- de vérifier leur bon déroulement de façon à prendre des mesures correctives si nécessaires.

Ce bilan s'opère au travers de :

- d'un tableau de bord qui mesure les performances des fournisseurs ;
- du recensement des incidents et de la recherche de leurs causes.

7.1 Vérifiez vos connaissances

exercices

Exercice 1

Lorvit SA, spécialisée dans le négoce d'objets promotionnels s'approvisionne principalement en Asie. Le 1er mars, l'un de ses acheteurs a signé un contrat avec la société Li Lei de Shanghai pour la fourniture de 10 000 appareils ref. CDR82 aux conditions suivantes :

- prix unitaire : 15 USD FCA Shanghai – entrepôt Delmas ;
- emballage export par 20 unités dans des cartons de dimension 0,2 × 0,4 × 0,6 m et de poids total 12 kg ;
- origine des appareils : Chine ;
- paiement par crédit documentaire à vue ;
- expédition prévue 10 jours après la notification de l'avis d'ouverture du crédit documentaire ;
- vérification des marchandises par un inspecteur mandaté par le fournisseur ou prise en charge par l'acheteur avec, dans ce cas, une réduction de 3 % du prix FCA.

Travail à faire

1. Quelles sont les tâches à accomplir pour réaliser correctement cette opération d'importation ?

2. Comment l'entreprise Lorvit peut-elle prendre en charge l'inspection des marchandises ?

CONSEIL

Commencez par reprendre les obligations des vendeur et acheteur induites par l'incoterm avant de prendre en compte les autres éléments du contrat.

Exercice 2

East Import qui achète 20 % de ses produits en Europe et 60 % en Asie a réorganisé son circuit d'importation. Outre une refonte complète du système informatique pour mieux gérer les flux d'exploitation et financiers, elle a procédé à un certain nombre de modifications et désormais :

- les fournisseurs livrent leurs produits sur l'une de ses plates-formes en Asie ;
- les plates-formes sont gérées par 2 prestataires logistiques, Mercantile et Danzas ;
- les conditions d'achat sont FCA plate-forme ;
- les marchandises non-dédouanées à l'arrivée au Havre sont acheminées à l'entrepôt de Lieusaint, entrepôt central de East Import (entrepôt privé sous douane).

Travail à faire

Analysez la pertinence des choix effectués par East Import pour ses approvisionnements en Asie.

7.2 *Mettez en application*

Exercice 1

La société Marie produit des plats cuisinés surgelés sur 3 sites spécialisés dont celui de Chacé en Maine et Loire. Les approvisionnements représentent une part importante du coût de fabrication et le service des achats s'efforce d'obtenir des matières premières au meilleur rapport prix/qualité. Le saumon fait l'objet de commandes importantes, de l'ordre de 5 tonnes par mois. Toutes les offres le concernant sont donc étudiées avec soin.

Travail à faire

1. Vous comparez les offres reçues et vous sélectionnez l'un des deux fournisseurs en justifiant votre choix.
2. Vous préciserez comment l'utilisation d'Internet peut aider le service des achats dans sa recherche de nouveaux fournisseurs.

Annexe 1 : Offre de Narfish

NARFISH Munhegate 30 N – NARVIK 1/Norway 03 6612 37 37	Invoice Number 433 – 09	Invoice date 2009.01.20
To : Marie Surgelés – Route Perrière – 49400 Chacé – France Tel : 33 (0) 241 532 450 Fax : 33 (0) 241 532 451		
Proforma Invoice		

Terms of sale FCA Narvik	Terms of payment Swift for 100 % cash in EUR at dispatch day

Item	Quantity	Description	Unit price	Total price
Crt 1 to 500/500	500	Ref. 32-2 frozen salmon	51.00	25,500.00
		TOTAL AMOUNT Dispatch day = 12 days after order Gross weight = 5,500 kg Net weight = 5,000 kg Period of validity = 2009.03.30		25,500.00
General terms and conditions of sale : see overleaf				

Annexe 2 : Offre de Canaway

CANAWAY 302 Ste Sarah – MTL H 31 2B4 Québec – Canada	**N° de facture/Invoice Number** PF 9 642	**Date facture/Invoice date** 15/01/2009

Destinataire/Consignee Société Marie	**Acheteur/Buyer** Marie Surgelés – Route Perrière – 49400 CHACÉ – France Tél : 33 (0) 241 532 450 – Fax : 33 (0) 241 532 451
Conditions de vente/ Terms of sale CIF Nantes	**Monnaie de paiement/Currency of payment** CAD
Conditions de paiement Terms of payment Crédit documentaire irrévocable à vue	**Banque du vendeur/Seller's bank** Royal Bank of Canada – 847 St Clair – MTL H3T 2H3 Québec – Canada

Facture Proforma/Proforma Invoice

Item	Qté/QTY	Description	Prix unitaire Unit Price	Montant Amount
Cartons 1 à 250/250	250	Saumon surgelé Réf. A 24 Poids brut : 5,375 kg/Poids net : 5,000 kg	160.00	40,000.00
		Montant total/Total amount		40,000.00

Date d'expédition : 10 jours à partir de la réception de l'avis d'ouverture du crédit documentaire

Transit time : 20 jours

Offre valable jusqu'au 15/03/2009

Annexe 3 : Autres informations

Informations communiquées par la société de transport routier Nor Cargo

Transit time : 6 jours

Transport et assurance de Narvik à Chacé : 870 EUR dont 100 EUR pour la partie norvégienne

Dédouanement à l'import : 90 EUR

Taux de droits de douane : 2 % pour le saumon congelé entier origine Norvège

Informations communiquées par le transitaire IPV à Nantes

Frais de transit et de dédouanement : 145 EUR

Taux de droits de douane : 2 % pour le saumon congelé entier origine Canada

Transport Nantes – Chacé : 350 EUR

Renseignements bancaires
Coût du virement Swift : 95 EUR
Coût du crédit documentaire : 0,8 % du montant du crédit
1 EUR =1,5710 CAD
Commission de change : 1,2 ‰

Exercice 2

L'entreprise NC, l'un des principaux câblo-opérateurs en France, propose des formules d'accès au réseau, qui comprennent, outre un abonnement, la location d'un terminal numérique actuellement importé des États-Unis. Soucieuse de réduire ses coûts, elle a décidé de diversifier ses sources d'approvisionnement. Elle a récemment contacté un fournisseur potentiel polonais qui lui a fait parvenir une offre pour 500 terminaux numériques.

Travail à faire

Assistant(e) au service achats, vous analysez l'offre de l'entreprise Elektro.

Annexe : Extraits de l'offre du fournisseur polonais Elektro

Term of delivery: EXW
Terms of payment: 30 days, bank transfer
Description of goods: 540 numerical terminals GS 2450108
Unit price: 35 EUR
Lead time: 2 months from order

7.3 *Passez le BTS*

La société Norfroid fabrique des portions de poisson panées surgelées qu'elle vend à la restauration collective, à la grande distribution et aux magasins spécialisés. Actuellement, elle s'approvisionne à hauteur de 42 % à l'étranger. Dans son catalogue figure du petit merlu blanc congelé. Faute d'une offre locale suffisante en France, ce poisson y est largement importé d'Amérique du sud et d'Afrique du sud. Le marché de cette espèce se présente de la façon suivante :

Critères / Origines	Qualité	Prix moyen FOB port d'embarquement	Quantités	Clientèle
Afrique du Sud	Bonne	2 600 USD/tonne en boîtes de 1 kg	Limitées	Restauration et grande distribution
Amérique du Sud	Moyenne	1 400 USD/tonne en bloc de 20 kg	Abondantes	Conserveries et collectivités

Pierre Gournay, Directeur du service « Surgelés » de Norfroid a demandé à ses différents fournisseurs d'Amérique Latine, de lui formuler une offre pour cette espèce. Plusieurs sociétés lui ont transmis des propositions parmi lesquelles il a retenu celle d'une société uruguayenne dont les conditions sont les suivantes :

- un approvisionnement de 40 tonnes par mois maximum la première année, 60 tonnes par mois la deuxième année pour arriver à 100 tonnes/mois ensuite (poids net de merlu) ;
- une exclusivité de commercialisation de ce produit en Europe francophone pour Norfroid à partir du 1er janvier 2010 ;
- un prix fixé pour les trois premiers mois à 1 800 USD/tonne nette FOB Montevideo, prix révisable tous les trimestres ;
- une présentation du produit en boîtes illustrées de 1 kg ;
- le paiement par crédit documentaire irrévocable à vue à l'arrivée des documents à la banque du donneur d'ordre, c'est-à-dire 15 jours en moyenne après l'embarquement des marchandises ;
- un acheminement par bateau en cale réfrigérée à – 18° Celsius à raison d'une livraison par mois avec un transit time de 30 jours au départ de Montevideo jusqu'à Anvers ou Le Havre.

Travail à faire

Analysez les avantages et inconvénients au niveau commercial et financier de cette offre pour Norfroid.

7.1 Vérifiez vos connaissances

Exercice 1

1. La vente est conclue FCA Shangai-entrepôt Delmas : Lorvit doit donc supporter les risques, organiser et assumer toutes les opérations logistiques à partir du moment où les marchandises sont livrées à l'entrepôt Delmas dans le port d'embarquement de Shanghai, c'est-à-dire :

- choisir le transporteur, réserver le fret, signer le contrat de transport et supporter le coût du fret maritime ;
- assurer les marchandises ;
- procéder au dédouanement à l'importation et payer les droits et taxes ;
- organiser à ses frais le post-acheminement et le déchargement à l'arrivée.

Le paiement s'effectue par crédit documentaire à vue. Lorvit établit donc une demande d'ouverture dans laquelle elle reprend *stricto sensu* les éléments de la pro forma et demande la fourniture des documents qui permettront :

- de vérifier que le vendeur respecte ses engagements (produits, délais de livraison…) ;
- d'obtenir les documents utiles au dédouanement des marchandises importées.

Enfin, la facturation en USD fait courir un risque de change qu'il convient de couvrir.

2. Il est envisageable de contacter une société de vérification telle que Véritas ou SGS qui effectue les inspections des marchandises avant embarquement. Pour choisir entre les deux solutions qui lui sont proposées, Lorvitt tient compte :

- du coût de cette prestation et la compare à la réduction de 3 % accordée par le fournisseur ;
- de la confiance qu'elle peut accorder à une inspection réalisée par le fournisseur.

Exercice 2

Choix de East Import	Appréciation de leur pertinence.
Achat FCA	East Import gère la logistique d'approvisionnement et détient un plus grand pouvoir de négociation des tarifs et de la qualité des prestations compte tenu de l'importance des opérations réalisées.
Passage par une plate-forme	East Import peut optimiser le remplissage des conteneurs et réduire d'autant le coût de ses approvisionnements.
Gestion des plateformes par des prestataires logistiques	Cette sous-traitance permet de bénéficier de l'expérience du prestataire et de coûts réduits.
Mise en entrepôt privé	East Import améliore la gestion de sa trésorerie en dédouanant les marchandises au fur et à mesure des besoins. Le choix d'un entrepôt privé lui donne accès en permanence aux stocks.

7.2 *Mettez en application*

Exercice 1

1. Comparaison des offres

CONSEIL

La comparaison des offres porte sur tous les points : prix, conditions de paiement, délai de livraison et tout autre élément qui rend plus ou moins facile la gestion de l'opération et intervient sur son coût.

Tarifs de deux producteurs : les incoterms étant différents, il convient de les comparer sur la base du coût d'acquisition total.

Offre de Narfish

Éléments	Calculs	Montants en EUR
1. FCA Narvik		25 500
2. Transport et assurance		870
3. Dédouanement import		90
4. Droits de douane	(25 500 + 100) × 2 %	512
5. Coût du virement Swift		95
6. Coût d'acquisition total		27 067

Offre de Canaway

Éléments	Calculs	Montants en EUR
1. CIF Nantes	40 000/1,5710	25 461,49
2. Commission de change	25 461,49 × 1,2 ‰	30,55
3. Transit et dédouanement import		145,00
4. Droits de douane	25 461 × 2 %	509,00
5. Transport Nantes – Chacé		350,00
6. Coût du crédit documentaire	25 461,49 × 0,8 %	203,69
7. Coût d'acquisition total		26 699,73

Sur la base du seul coût d'acquisition, l'offre canadienne est plus avantageuse même si cette compétitivité-prix est soutenue par les cours de change actuels. La comparaison des offres doit aussi tenir compte des autres conditions reprises dans les deux offres :

	Narfish	Canaway
Conditions de livraison	FCA Narvik	CIF Nantes
	Le fournisseur canadien offre une prestation logistique plus complète et soulage la société Marie, de la gestion des opérations d'acheminement principal.	
Conditions de paiement		
Technique de paiement	Crédit documentaire	Virement Swift
	Le fournisseur norvégien accepte un encaissement simple par virement Swift qui allie simplicité et faible coût alors que Canaway exige une procédure documentaire toujours plus contraignante et lourde en coûts administratifs et bancaires.	
Délai de paiement	À vue	À la livraison
	Dans les deux cas, le paiement est comptant. Toutefois, le transit time de 20 jours pour l'offre canadienne aboutit à un crédit négatif de pratiquement un mois.	
Délai de livraison	12 jours après la commande	10 jours après réception de l'avis d'ouverture du crédit documentaire
	Des contraintes comparables pour les deux offres auxquelles il convient toutefois d'ajouter un transit time de 20 jours pour Canaway ce qui peut compliquer la programmation des achats	

Le choix entre les deux fournisseurs dépendra donc du poids attribué à chacun de ces critères mais le souci de la société Marie de réduire les coûts conduit à privilégier l'offre de Canaway.

2. Le recours à Internet améliore l'efficacité de la sélection des fournisseurs par :

- un élargissement de la prospection ;
- l'obtention rapide (voire en temps réel) des offres ;
- la possibilité de s'approvisionner par l'intermédiaire des places de marché.

Exercice 2

Analyse de l'offre polonaise

Éléments	Commentaires
Incoterm EXW	Omission du lieu ce qui peut être source de litiges et de surprises… si les terminaux sont fabriqués en Chine ! NC doit prendre en charge toutes les opérations de logistique.
Modalités de paiement	Encaissement simple par virement soit une solution peu coûteuse et simple à gérer.
Virement à 30 jours	Pas d'indication de la date à partir de laquelle ce délai est décompté.
Délai de livraison de 2 mois à partir de la commande	Nécessité d'une gestion rigoureuse des approvisionnements pour éviter toute rupture de stocks.

corrigés

7.3 Passez le BTS

Éléments de l'accord	Avantages	Inconvénients
Commercial		
Exclusivité accordée à Norfroid pour l'Europe francophone sans contraintes particulières	Avantage concurrentiel en termes de compétitivité-prix et produit	
Quantité abondante	Sécurité des approvisionnements dans un contexte de raréfaction des ressources	
Conditionnement en boîtes illustrées de 1 kg (au lieu de 20 kg)	Produit plus facile à revendre et conditionnement similaire au merlu d'Afrique du sud	
Prix intéressant de 1 400 USD la tonne nette	Meilleure compétitivité-prix Prix plus élevé que le prix moyen d'Amérique latine (1 800 USD) mais qualité et conditionnement comparables au merlu d'Amérique du Sud beaucoup plus cher (2 600 USD/tonne)	
Prix FOB Montevideo	Gestion de la logistique d'approvisionnement par Norfroid, qui, vu le volume de ses importations, peut négocier les tarifs des transporteurs et assureurs et choisir ceux qui lui offrent les prestations de meilleure qualité.	
Livraisons progressives	Possibilité de tester le produit et le sérieux du fournisseur sur la durée	Engagement ferme sur une durée d'au moins 3 ans
Financier		
Révision des prix tous les trimestres		Incertitude sur le coût des approvisionnements
Facturation en USD		Risque de change et nécessité de prévoir un mode de couverture
Paiement à vue		Pas de délai de paiement et des stocks à financer
Paiement par crédit documentaire	Sécurité quant au respect par l'acheteur de ses engagements pour être payé	Coût pour Norfroid (en moyenne 1/8 %) et gestion rigoureuse (coût administratif)

Conception graphique : Nathalie Florczak
Mise en page : stdi

Éditions Foucher 58, rue Jean-Bleuzen, 92178 Vanves Cedex – N° d'éditeur : 116511
Mars 2009 – 01 – MV-AMS/EP

Normandie Roto Impression s.a.s., 61250 Lonrai – N° d'impression : 090774 – *Imprimé en France*

Incoterms

Ils ont deux rôles majeurs : l'indication du partage des frais et celle du transfert des risques entre acheteur et vendeur.

Partage des frais entre acheteur et vendeur selon l'incoterm

	EXW	FAS	FCA	FOB	CFR	CIF	CPT	CIP	DAF	DES	DEQ	DDU	DDP
Emballage	V	V	V	V	V	V	V	V	V	V	V	V	V
Chargement sur camion ou wagon Empotage du conteneur à l'usine ou à l'entrepôt de départ	A	V	O	V	V	V	V	V	V	V	V	V	V
Pré-acheminement jusqu'au port, à l'aéroport ou à la plateforme de groupage	A	V	V	V	V	V	V	V	V	V	V	V	V
Formalités douanières à l'exportation	A	V	V	V	V	V	V	V	V	V	V	V	V
Manutention au départ	A	A	A	O	V	V	V	V	V	V	V	V	V
Transport principal	A	A	A	A	V	V	V	V	P	V	V	V	V
Assurance transport	A	A	A	A	A	V	A	V	P	V	V	V	V
Manutention à l'arrivée	A	A	A	A	O	O	O	O	A	A	V	V	V
Formalités douanières à l'importation Paiement des droits et taxes	A	A	A	A	A	A	A	A	A	A	A	A	V
Post-acheminement jusqu'à l'usine ou à l'entrepôt d'arrivée	A	A	A	A	A	A	A	A	A	A	A	V	V
Déchargement à l'usine	A	A	A	A	A	A	A	A	A	A	A	A	A

(On the page each cell is a colour; the letters stand for it: V = green, A = white, P = blue, O = orange.)

- V (green): Frais à la charge du vendeur
- A (white): Frais à la charge de l'acheteur
- P (blue): Partage des frais entre les deux parties
- O (orange): Prise en charge des frais par l'une des deux parties :
  – en fonction du contrat de transport (CFR, CIF, CPT, CIP) ;
  – selon le lieu de livraison (FCA) ;
  – selon les usages portuaires (FOB).

Transfert des risques

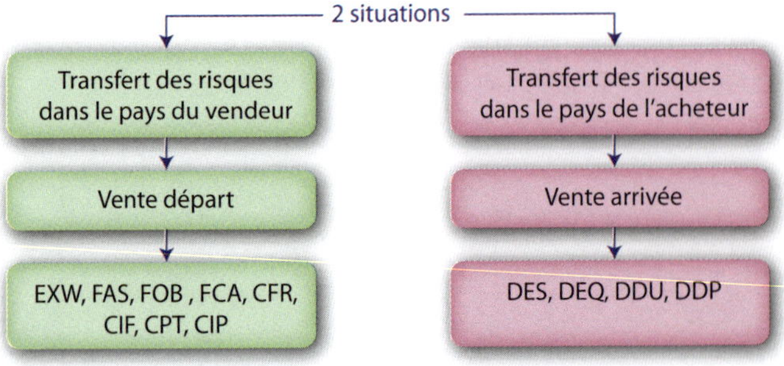

+ DAF avec transfert au point frontière convenu

Cotations

Quelques règles simples pour le calcul des cotations de transport.

1. Toujours prendre en compte la masse et le volume

- **La masse** est la masse brute, c'est-à-dire y compris les emballages (c'est la masse transportée) :

  masse brute = masse des marchandises + masse des emballages.

- **Le volume** est le produit des trois dimensions : L × l × h : Longueur × largeur × hauteur.

2. Calculer le nombre d'unités taxées

C'est le chiffre le plus élevé, de la masse réelle et de la masse théorique.

2.1. En maritime, on a une équivalence 1 m^3 = 1 tonne.

La masse taxable (le nombre d'unités payantes, ou UP) est donc le chiffre le plus élevé entre la masse et le volume.

6 tonnes et 8 m^3 → 8 UP

8 tonnes et 6 m^3 → 8 UP

On ajoute les surcharges éventuelles, exprimées en pourcentage du fret (parfois du fret de base, le plus souvent du fret corrigé) :

Fret de base 8 UP × 120 = 960,00	
BAF : 10 % =	96,00
CAF 10 % (sur 960 +96) =	105,60
Fret net =	1 071,60

2.2. En aérien, pour une expédition de détail, on a une équivalence 1 tonne = 6 m³, ou plutôt 1 kg = 6 dm³.
La masse théorique (en kg) est donc le volume en dm³ divisé par 6, ou le volume en m³ multiplié par 1 000 et divisé par 6. (Il y a 1 000 dm³ dans un m³).

Exemple :

Masse brute	120 kg	24 kg	300 kg
Volume réel	0,6 m³ (600 dm³)	420 dm³	3 m³
Masse théorique	600/6 = 100 kg	420/6 = 70 kg	3 × 1 000/6 = 500 kg
Masse taxable	120 kg	70 kg	500 kg

Mais il y a aussi dans les tarifs :
- une taxation minimale : c'est le montant forfaitaire qui sera payé si le fret calculé est inférieur ;
- la règle du « payant pour » : on taxe sur la masse et le prix unitaire correspondant au pied (au bas) de la tranche supérieure, si c'est plus favorable pour l'expéditeur.

Exemple : Prix au kg dans la tranche 50 à 100 kg : 12 EUR
Prix au kg dans la tranche 100 à 200 kg : 8 EUR
Alors, une expédition de 80 kg taxables « paiera pour 100 » car 100 × 8 (soit 800 EUR) est inférieur à 80 × 12 (960 EUR).
L'exportateur paiera donc 800 EUR. Pour ce prix, il pourra même ajouter de la marchandise dans les colis jusqu'à atteindre 100 kg taxables…

2.3. En aérien, pour les ULD (palettes, conteneurs aériens ou igloos). Il n'y a pas de contrainte de volume, puisque celui-ci ne peut dépasser les cotes de l'ULD. Pour chaque type d'ULD, existe un « poids-pivot » et un prix minimal correspondant (pour la destination). Les kilos au-dessus du pivot sont taxés en plus.

Exemple : Pour Paris – New York. Expédition d'une palette de type UAA contenant 11 m³ et 2 172 kg.
Le tarif prévoit : Poids pivot : 1 980 kg – Minimum de taxation 2 300 EUR – Kilogrammes au-dessus : 1,5 EUR.
On paiera :

Pour les premiers 1 980 kg :	2 300 EUR (minimum, quelque soit l'expédition)
Pour les kilos au-dessus (2 172 – 1 980, soit 192 kg) : 192 × 1,5 =	288 EUR
Fret total :	2 588 EUR

2.4. En routier, on a en général une équivalence de 330 kg par m³ (250 kg parfois). Pour une expédition de 4 tonnes et 15 m³, la masse théorique sera de 15 × 330 = 4 950 kg ou 4,95 t. C'est sur cette masse que sera calculé le fret, puisqu'elle est supérieure à la masse réelle.

4 mémo

Risque de change pour l'exportateur

Solution	Technique	Commentaires
Supprimer le risque	Vendre en euros	Pas commercial en général
Réduire le risque	Choisir la devise la moins volatile par rapport à l'euro	Encore faut-il que le client l'accepte
	Réduire les délais entre offre et paiement	Durée de validité de l'offre, plus délai de crédit, plus délai de rapatriement
	Réduire le montant en risque (la position de change)	En compensant créances et dettes, en centralisant la trésorerie en devises, en anticipant des règlements, etc.
Couvrir le risque par l'assurance	Assurances Coface du risque de change	Sur de gros contrats, dans quelques cas limités et quelques devises seulement
Couvrir le risque par les techniques bancaires	Vente à terme de devises	On s'engage à verser les devises au banquier, il s'engage sur le cours. On ne peut le faire qu'après avoir reçu la commande.
	Avance en devises	On emprunte en devises le montant à recevoir, on remboursera avec les devises reçues du client. Là aussi, ne peut intervenir qu'après la commande.
	Options de change	On achète le droit (mais pas l'obligation) de vendre les devises à un cours convenu (le prix d'exercice). On ne le fera que si c'est un meilleur cours que celui du jour. Réservé aux grosses opérations.

Mémo : la devise qui a le taux le plus bas a tendance à s'apprécier contre celle qui a le taux le plus élevé.

Vente à terme USD/EUR = achat à terme EUR/USD

Cours à terme EUR/USD = cours comptant

+ report (en principe, lorsque le taux sur l'EUR est < au taux sur l'USD)

– déport (en principe, lorsque le taux sur l'EUR est > au taux sur l'USD)

Synthèse : quelle couverture de change à l'export ?

	Dès la phase d'offre	À la signature
Commerce courant	Pas de solution	Vente à terme Avance en devises
Opérations lourdes	Option de change Coface « négociation »	Vente à terme Option de change Coface « contrat »

6 mémo

Crédits documentaires

1. Types de crédits documentaires

(en gras, la forme la plus fréquente)

- Crédit révocable ou **irrévocable**,
- Crédit notifié ou **confirmé**,
- Deux lieux de paiement :
  - aux caisses de la banque émettrice ;
  - aux caisses de la **banque notificatrice**.
- Quatre modes de réalisation :
  - au comptant ;
  - par paiement différé ;
  - **par acceptation de traite** ;
  - par négociation de traite.
- Plus crédits spéciaux : transférables, revolving, red clause, adossés, etc.

2. Les modes de réalisation

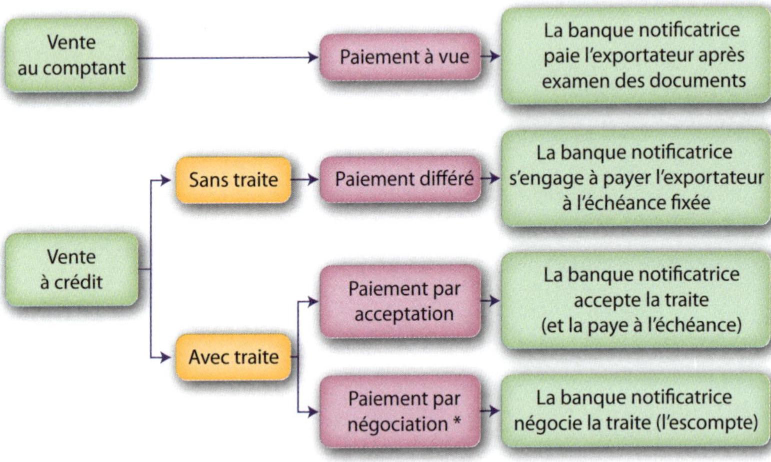

* sauf modalité « négociation de traite à vue »

3. Les cinq dates du crédit documentaire

Trois dates sont définies par l'ouverture		
La date d'émission	(exemple : 10 juin)	
La date limite d'expédition	(exemple : 10 août)	Les marchandises doivent être parties.
La date limite de validité	(exemple : 20 août)	Le crédit doit avoir été utilisé.
Plus un délai de présentation, de 21 jours par défaut (exemple : 10 jours)		C'est le délai maximal entre l'expédition et la remise en banque.
Ici, si l'expédition a lieu le 8 août, donc avant la date limite du 10		La remise doit avoir lieu avant le 18, et non avant le 25.

Les régimes douaniers économiques et suspensifs

Ils facilitent la gestion des opérations logistiques et celle des fonctions essentielles de l'entreprise : l'entreposage, la transformation et l'utilisation.

1. Les régimes de transit

Objet

Circulation dans un ou des pays, de marchandises sous contrôle douanier, en suspension de droits et taxes et des mesures de contrôle du commerce extérieur.

Conditions : 2 garanties prises par la douane

- Matérielle (scellement douanier après vérification éventuelle des marchandises)
- Financière par une caution

2 régimes principaux

Transit communautaire externe

Régime **obligatoire** pour la circulation de **marchandises tierces** dans l'Union européenne

Gestion par le NSTI (Nouveau Système de Transit Informatisé) avec DAU T1

Transit International Routier (TIR)

Régime pour les échanges effectués au moins en partie par **route** avec les **pays tiers** ayant ratifié la convention TIR

Régime couvert par un carnet TIR qui évite le contrôle aux frontières et remplace les déclarations douanières

2. Un régime pour la fonction d'entreposage

Entrepôt sous douane

Stockage en suspension de droits et taxes de marchandises importées et dédouanement au fur et à mesure des besoins

Avantage en termes de trésorerie

mémo 8

3. Les régimes liés à la fonction de transformation

2 situations

Transformation en Union européenne de matières et composants importés → Perfectionnement actif avec 2 modalités

Exportation de tous les produits finis fabriqués (compensateurs)	Exportation d'une partie des produits finis fabriqués
Perfectionnement actif suspension	**Perfectionnement actif rembours**
Importation en franchise de (= sans) droits et taxes, des matières, composants incorporés dans les produits exportés	Remboursement des droits de douane acquittés sur les matières, composants importés et incorporés dans les produits finis exportés

Transformation hors Union européenne des matières et composants exportés → Perfectionnement passif

Réduction des droits et taxes dus sur les produits finis importés en Union européenne par une **taxation** :
- soit **différentielle** (régime de droit commun) : droits de douane sur les produits finis diminués de ceux sur les composants exportés d'Union européenne ;
- soit **sur la plus value acquise**. Droits de douane sur la valeur ajoutée par le sous-traitant et les frais de logistique retour

Avantage en termes de compétitivité

4. Les régimes d'utilisation

3 régimes

Régime des échantillons commerciaux	Régime des retours	Admission temporaire
Circulation en **franchise de droits et taxes** des échantillons commerciaux, du matériel utilisé sur les salons… sous couvert d'un **carnet ATA** qui remplace les déclarations d'importation et d'exportation	**Réimportation** en Union européenne en **franchise de droits et taxes**, de marchandises exportées, dans leur état initial, dans un délai maximal de 3 ans **2 formes** : exportation sous réserve de retour (s'il est prévisible) ou sans réserve de retour dans le cas contraire	Importation temporaire de marchandises tierces exonérée : - soit totalement des droits de douane ; - soit partiellement avec paiement, lors de la réexportation, de 3% des droits de douane normaux par mois de présence des marchandises dans l'Union européenne.

Les procédures douanières

Les procédures de dédouanement désignent la façon dont les entreprises doivent informer les autorités douanières des opérations réalisées hors Union européenne et des régimes douaniers choisis.

1. Les différentes procédures de dédouanement

Deux situations existent :

- une procédure de droit commun qui s'applique à toutes les entreprises ;
- des procédures simplifiées moins contraignantes mais qui ne sont accordées que sur demande de l'entreprise et sous certaines conditions (garanties financières et de moralité fiscale, mise en place d'un crédit d'enlèvement).

Dans les deux cas, ces procédures ont été informatisées avec le programme **Delt@** (Dédouanement en ligne par transmissions automatisées) avec Delt@ C pour les premières et Delt@ D pour les secondes.

2. La procédure de droit commun

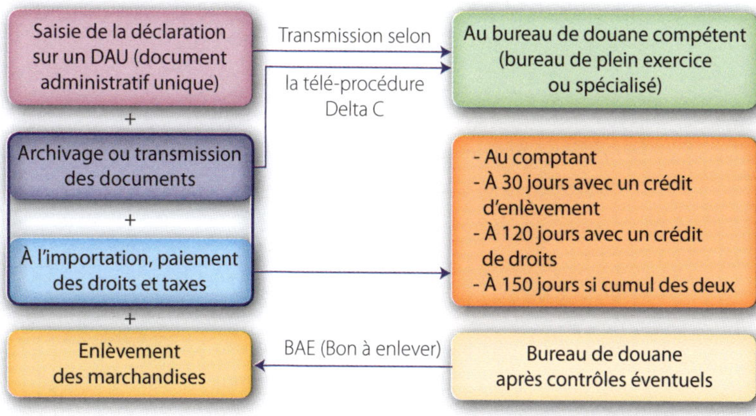

3. Les procédures simplifiées

Il existe deux types de procédures simplifiées :

- la procédure de dédouanement à domicile **(PDD)** : simplification des contraintes logistiques et déclaratives ;
- la procédure de déclaration simplifiée (**PDS**) : simplification des contraintes déclaratives.

Leurs modalités de fonctionnement sont définies par une convention signée entre la douane et l'entreprise.

10

mémo

A. La procédure de dédouanement à domicile (PDD)

Avantage logistique	Pas de passage par le bureau de douane → pas de rupture de charge. Déchargement, libre disposition et expédition des marchandises autorisés à l'expiration du délai d'intervention de la douane → gestion facilitée de la production.
Avantage en termes d'obligations déclaratives	Simplification des formalités : déclaration électronique à chaque opération et déclaration complémentaire globale dans un délai d'un 1 mois → réduction des coûts administratifs.

La PDD est déclinée en deux versions :
- la PDU (PDD avec domiciliation unique) pour des firmes ayant des filiales → centralisation des formalités ;
- la PDUC (PDD avec domiciliation unique communautaire) pour des firmes réalisant des opérations dans plusieurs états-membres.

B. La procédure de déclaration simplifiée (PDS)

Elle devrait disparaître à brève échéance avec la généralisation du recours aux procédures informatisées.

Les régimes douaniers définitifs

Les régimes douaniers définissent le statut attribué aux marchandises. Ces régimes définitifs s'appliquent aux importations et exportations, donc aux opérations avec les pays tiers.

1. Les régimes définitifs à l'exportation

Un seul régime définitif **Exportation en simple sortie**

↓

L'exportateur établit une facture HT à son client étranger

2. Les régimes définitifs à l'importation

Deux régimes définitifs à demander ensemble

	Mise en libre pratique	Mise à la consommation
Objet	Faire circuler des marchandises importées en Union européenne	Utiliser les marchandises importées au niveau national
Implication	Respect des mesures de contrôle du commerce extérieur + paiement des droits de douane (+ droits anti-dumping… le cas échéant)	Respect de la réglementation nationale éventuelle + paiement de la TVA à l'importation

3. Le calcul des droits et taxes à l'importation

- Les droits de douane dépendent de :
  - l'espèce tarifaire = désignation du produit + code de 10 chiffres ;
  - l'origine = pays où il a subi une ouvraison économiquement justifiée ;
  - la valeur = valeur en douane = valeur à l'entrée en Union européenne.

Droits de douane = Valeur en douane x taux de droits de douane

↓

Évaluation à partir de la valeur facturée et retraitée en fonction de l'incoterm

12

mémo

Exemple : Importation de composants électroniques du Japon *via* Rotterdam, dédouanement à Paris

Facture du fournisseur japonais	Traitement à opérer pour obtenir la valeur en douane
Facture EXW, FAS, FOB ou FCA Tokyo	Valeur facturée + frais de transport, assurance, manutention de Tokyo à Rotterdam
Facture CFR Rotterdam	Valeur facturée + assurance jusqu'à Rotterdam
Facture CIF Rotterdam	Valeur facturée = valeur en douane
Facture CPT Paris	Valeur facturée – frais de transport, manutention de Rotterdam à Paris + assurance jusqu'à Rotterdam
Facture CIP ou DDU Paris	Valeur facturée – frais de transport, d'assurance et de manutention de Rotterdam à Paris

Assiette de TVA = valeur au lieu de dédouanement (y compris les droits de douane)
TVA = assiette de TVA × taux de TVA

Facture du fournisseur japonais	Détermination de l'assiette de la TVA
Facture EXW, FAS, FOB ou FCA Tokyo	Valeur facturée + frais de transport, assurance, manutention de Tokyo à Paris + droits de douane ou Valeur en douane + droits de douane + frais de post-acheminement jusqu'à Paris
Facture CFR ou CIF Rotterdam	Valeur en douane + droits de douane + frais de post-acheminement jusqu'à Paris
Facture CPT, CIP ou DDU Paris	Valeur facturée + droits de douane (+ assurance pour CPT Paris)

Le BTS Commerce international

La rénovation du BTS Commerce international a modifié le règlement de l'examen qui comporte toujours des épreuves ponctuelles organisées à la fin des deux années de préparation du diplôme mais dorénavant aussi des contrôles en cours de formation (CCF).

Pour plus d'information, consultez le site du ministère de l'Éducation nationale consacré à l'enseignement supérieur, www.sup.adc.education.fr, cliquez sur « BTS », puis sur « commerce international » et téléchargez le référentiel officiel du diplôme au format pdf.

Les épreuves de culture générale et expression (coefficient 5), de langues vivantes étrangères (coefficient 5 pour chacune des 2 LVE), d'environnement juridique et économique (coefficient 5) et de montage des opérations d'import-export (coefficient 4 + 2), se déroulent en fin de parcours pour tous les candidats. En revanche, la délivrance des CCF suppose que l'établissement de formation soit autorisé à le faire. Dans le cas contraire, des épreuves ponctuelles les remplacent.

En ce qui concerne, les deux épreuves relatives à la « Gestion des opérations d'import-export », reportez-vous :

- aux pages 41 à 43 qui reprennent les « savoirs associés », les connaissances à maîtriser ;
- aux pages 111 à 114 qui définissent ces deux épreuves ;
- à la page 91 qui donne le règlement général d'examen.

L'épreuve écrite E61 est la même pour tous les candidats. En revanche, l'entretien concernant la « conduite des opérations d'import-export » E 62 tient compte des conditions dans lesquelles s'est déroulée votre formation. À cet égard, le référentiel reconnaît différents statuts :

- scolaire,
- apprenti,
- en formation continue soit en stage de première formation soit en stage de reconversion,
- en situation de perfectionnement,
- en formation à distance,
- validation de l'expérience professionnelle.

Les étudiants en formation à distance sont considérés comme « scolaires », « apprentis » ou « en formation continue » selon les cas.

Pour tous ceux qui ne sont pas considérés comme ayant suivi un parcours scolaire, les activités qui servent de support à l'entretien E62, peuvent avoir été effectuées dans le cadre de l'activité professionnelle. Toutefois, cette expérience n'est recevable que si ces activités réalisées au sein des entreprises sont conformes aux exigences du référentiel et précisées en annexe des certificats de travail qui valent attestations de stage.

14

mémo

L'épreuve E61 : Montage des opérations import-export

Épreuve écrite. Durée 4 heures. Coefficient 4

1. Forme de l'épreuve

L'épreuve est une étude de cas. Elle ne doit donc pas vous conduire à « réciter du cours », mais à vérifier votre aptitude à :

- analyser des situations commerciales réelles,
- choisir les méthodes et techniques appropriées, et les mettre en œuvre,
- rechercher et proposer des solutions réalistes permettant de résoudre efficacement les problèmes posés,
- justifier les décisions en mobilisant les savoirs associés.

2. Le programme pour cette épreuve

La fonction achat
L'internationalisation des achats et le sourcing
La préparation de la négociation achat
Les outils de suivi des achats
La logistique
Les incoterms
Les modes de transport
Le cadre juridique du transport international

La gestion documentaire des opérations internationales
Instruments et techniques de paiement
Mode de financement des opérations courantes
Les opérations intra-communautaires
Les opérations avec les pays tiers
La gestion des risques
Le règlement des litiges

Le sujet comportera nécessairement une partie import **et** une partie export. Elles seront situées dans la même entreprise ou dans deux entreprises différentes.
L'épreuve n'exigera pas de mettre en œuvre des compétences déjà évaluées en CCF ou lors des autres épreuves ponctuelles : la prospection, la négociation-vente, l'offre commerciale. Elle aura une dimension essentiellement technique, et concernera en grande partie les relations avec les prestataires (transporteurs, banquiers, assureurs).

3. Quelques conseils

- **Check-list pour le jour de l'épreuve :** votre convocation, une pièce d'identité, une montre, 2 calculettes (vous ne pourrez pas utiliser votre téléphone en dépannage), stylos, règle, etc. De quoi boire et vous restaurer pour éviter la fringale. Le papier de composition et de brouillon est fourni.
- **Arrivez à l'avance** pour être prêt(e) et immédiatement opérationnel(le) à la distribution du sujet.

- Parcourez d'abord intégralement le sujet pour :
  - vous imprégner de la (des) situation(s) ;
  - estimer la difficulté des travaux demandés et le temps nécessaire pour traiter chaque question.
- Prenez aussi en compte la répartition des points attribués à chaque partie (le barème), et fixez-vous des échéances intermédiaires (« avoir terminé telle partie à telle heure »).
- Ne vous acharnez pas sur une question qui vous bloque. Passez à la suivante, et revenez-y en fin de travail.
- Cochez les questions traitées au fur et à mesure pour éviter d'en oublier.
- Présentez le plus souvent possible votre réponse en tableaux, qui sont faciles à relire et à compléter, et plus opérationnels… autant de qualités appréciées aussi des correcteurs !
- Soignez évidemment la présentation et l'orthographe. Relisez-vous.

L'épreuve E62 : Conduite des opérations import-export

Épreuve orale. Durée 30 minutes. Coefficient 2

1. Forme de l'épreuve

Il s'agit d'un entretien, à partir du dossier que vous fournissez.

Cet entretien permet d'évaluer vos compétences opérationnelles **acquises en entreprise**. Il porte sur le suivi des opérations d'import et/ou d'export que vous avez réalisé en stage. Le programme est identique à celui de l'étude de cas (voir page précédente).

2. Le dossier

Le dossier fourni avant l'épreuve doit comporter :

- une présentation de l'entreprise et du service dans lequel vous avez travaillé, décrivant le contexte commercial (localisation, produits, clientèles, etc.) et son organisation (3 pages maximum) ;
- une description des activités que vous avez réalisées (2 pages maximum) dans leurs aspects administratifs, organisationnels et relationnels ;
- une attestation de l'entreprise certifiant la conformité du contenu du dossier aux missions effectivement réalisées.

Attention : Le dossier fourni avant l'épreuve ne comporte pas d'annexes, mais vous devez apporter le jour de l'épreuve tous les documents permettant de justifier et d'illustrer vos propos.

16 mémo

3. L'entretien

Il se déroule en deux phases :

- Pendant 10 minutes au maximum, vous présentez, sans être interrompu :
  - le contexte professionnel des activités menées (entreprise, secteur d'activité),
  - les procédures de qualité et d'éthique mises en place par l'entreprise,
  - les opérations d'import-export les plus significatives auxquelles vous avez été associé(e).
- Puis le jury vous interroge pendant un quart d'heure environ pour vous faire préciser les méthodes et les techniques employées, ainsi que les connaissances mobilisées. Il ne s'agit pas d'un test de connaissances ; le jury cherche à apprécier votre expérience, votre sens de l'analyse, et votre maîtrise du champ professionnel.

4. Quelques conseils

Préparation du dossier : attention aux délais pour obtenir de l'entreprise l'attestation de conformité. Celle-ci est indispensable pour être autorisé à passer l'épreuve.

- Les annexes : triez-les soigneusement, classez-les, organisez-vous pour pouvoir les montrer au jury (ne les enfermez pas dans des pochettes, sauf si celles-ci sont détachables). Pour certaines d'entre elles, il peut être judicieux d'avoir un exemplaire pour le jury et un pour vous.
- Sachez que le jury ne conservera aucun document : veillez à ce que les éventuelles précautions de confidentialité imposées par l'entreprise n'ôtent pas tout intérêt au document !
- Il ne s'agit pas d'un test de connaissances, mais d'un entretien. Le jury appréciera que vous lui fassiez part de votre expérience ; en retour, soyez ouvert(e) aux questions et prêt(e) au dialogue.
- Efforcez-vous de répondre rapidement et précisément ; ne tentez pas d'éluder les questions posées.
- Il est préférable d'avouer son ignorance sur tel ou tel point, plutôt que tenter d'avoir réponse à tout… au risque de dire n'importe quoi !
- À la fin de l'entretien, rangez rapidement vos dossiers et libérez le jury sans vous attarder.